基市 股市
固本 + 创收
均衡投资技术指南

刘 柯◎编著

中国铁道出版社有限公司
CHINA RAILWAY PUBLISHING HOUSE CO., LTD.

内容提要

这是一本介绍基金投资和股市投资的工具书，通过对本书的学习，读者能够快速掌握基金市场和股票市场中相关的投资技巧。全书共六章，分为基金部分和股票部分。其中，基金部分包括不同类型投资者的选基策略、基金定投技术和基金组合投资技巧，股票部分包括金股选择方法、K线分析技术和技术指标的应用。

本书内容丰富、实用性强，书中添加了大量的实战案例和图示，将理论与实践结合，让读者可以一边学习一边实战，从而快速掌握相关知识，适合新老投资者阅读参考。

图书在版编目（CIP）数据

基市固本+股市创收：均衡投资技术指南/刘柯编著. —北京：中国铁道出版社有限公司，2023.12

ISBN 978-7-113-30568-0

Ⅰ.①基… Ⅱ.①刘… Ⅲ.①股票投资−指南 Ⅳ.①F830.91-62

中国国家版本馆CIP数据核字（2023）第184561号

书　　名：**基市固本＋股市创收——均衡投资技术指南**
　　　　　 JI SHI GUBEN+GUSHI CHUANGSHOU:JUNHENG TOUZI JISHU ZHINAN
作　　者：刘　柯

责任编辑：张　明　　　编辑部电话：（010）51873004　　　电子邮箱：lampard@vip.163.com
封面设计：宿　萌
责任校对：安海燕
责任印制：赵星辰

出版发行：中国铁道出版社有限公司（100054，北京市西城区右安门西街8号）
印　　刷：天津嘉恒印务有限公司
版　　次：2023年12月第1版　2023年12月第1次印刷
开　　本：710 mm×1 000 mm 1/16　印张：11.5　字数：169千
书　　号：ISBN 978-7-113-30568-0
定　　价：69.00元

前言

　　说到投资理财，有两个重要的投资方式不可不提：基金和股票。但是，到底是投资基金还是投资股票，难有判断。有的人认为基金投资门槛更低，普通人更容易参与，而且有专业的基金经理打理，风险更低；有的人认为股票收益更高，投资更主动，也更容易掌控。

　　事实上，基金和股票作为两种投资理财方式并没有孰优孰劣之分，基金也并不代表稳健，股票也不一定代表高风险性，最为关键的是找到适合自己的投资方式，掌握相关的投资理财技巧。此外，两种投资方式并不相冲，投资者完全可以一边进行基金投资，一边进行股票投资，做股、基两不误的均衡投资，以基金投资固本，以股票投资创收，既能在一定程度上降低投资风险，也能提高投资收益。

　　想象很美好，现实却不尽如人意。尽管一边投资基金、一边投资股票能够起到分散风险，优势互补的作用，但是很多投资者却担心在自己理论知识不足、投资经验不够的情况下，单一投资方式都难以掌握，更别说两种投资方式联合投资了。

　　其实，基金投资和股票投资并不难，尤其是基金投资通常以中长期投资为主，并不需要投资者实时盯盘操作，只要掌握了相关投资技巧和方法，就可以快速入门。

　　为帮助读者掌握基金和股票的投资方式和技巧，应对市场变化，笔者特地编写了此书。

全书共六章，可分为两部分：

◆ 第一部分为第 1 ～ 3 章，主要介绍基金投资相关内容，包括不同类型投资者适合的选基策略、基金定投技术及基金组合投资方式，帮助读者了解基金并掌握基金投资技巧。

◆ 第二部分为第 4 ～ 6 章，主要介绍股票投资相关内容，包括基金、股票的选择方法、K 线分析技巧及技术指标的应用。

为了能够真正帮助读者了解基金投资和股票投资，掌握相关投资技巧，本书从实用性角度出发，在书中介绍了大量的投资方法和投资策略。此外，书中还添加了丰富的案例和图示，将理论与实践结合，让读者在一边学习一边练习的同时，降低阅读的枯燥感，让读者能够在一种比较轻松的阅读氛围中学习书中的内容。

从内容安排上来看，各章节循序渐进、逐层深入；从表述上来看，语言通俗易懂、便于理解；从编排上来看，版面图文并茂、便于查看。因此，本书既能作为投资经验不足新手的学习手册，也能作为有一定经验的投资者的技能提升参考书。

最后，希望所有读者通过对本书中知识的学习，提升自己的投资技能，收获更多的投资收益。但任何投资都有风险，也希望广大投资者在入市和操作过程中谨慎从事，规避风险。

编 者

2023 年 8 月

目录

第1章　不同风险承受力投资者选基策略

1.1　风险厌恶型投资者稳选货币基金 2
1.1.1　选择一款适合的货币基金 2
1.1.2　货币基金申购时间有奥秘 4
1.1.3　转换基金收益不留空白 5

1.2　稳健型投资者优选债券基金 7
1.2.1　多种多样的债券基金巧选择 7
1.2.2　了解债券基金信息优选基金 9
1.2.3　认清可转债基金再下手 11

1.3　激进型投资者精选股票基金 13
1.3.1　利用指标分析基金质量 13
1.3.2　分析基金的持仓情况和投资风格 15
1.3.3　抓住机遇适当抄底 17
1.3.4　长期持有还是短线操盘 19

第2章　"懒人"赚钱必知基金定投技术

2.1　制订自己专属的定投计划 22
2.1.1　定资金：确认定投金额 22
2.1.2　定产品：选择定投基金 24
2.1.3　定渠道：选择正规渠道 27

    2.1.4　定频率：周投对决月投..29

    实例分析 基金周定投与月定投的比较......................................29

  2.2　基金智投操作简便且收益更大..30

    2.2.1　价值评估定投策略..31

    实例分析 智慧定投估值模式..31

    2.2.2　均线定投法..32

    实例分析 智慧定投均线模式..33

    2.2.3　平均成本定投法..35

    实例分析 智慧定投平均成本模式..35

    2.2.4　价值平均定投策略..37

    实例分析 智慧定投价值平均模式..37

    2.2.5　趋势定投策略法..39

  2.3　学会定投止盈方法让收益落袋..42

    2.3.1　目标收益率止盈..42

    2.3.2　最大回撤止盈..44

    2.3.3　基金估值止盈..45

    2.3.4　压力位止盈..46

第 3 章　掌握基金组合投资技术使收益增大

  3.1　基金组合的基本搭配原则..50

    3.1.1　有股有债..50

    3.1.2　有大有小..51

    3.1.3　有内有外..52

  3.2　掌握基金组合的经典形式..53

    3.2.1　哑铃式基金组合..54

    实例分析 ××领先成长混合基金和××价值精选股票基金 54

    3.2.2　核心卫星式基金组合..57

3.2.3　金字塔式基金组合 60

3.3　构建自己的基金组合 62

3.3.1　评估自己的风险收益偏好 62

3.3.2　明确每种基金的风险与特征 63

3.3.3　确定每类基金的投资比例 65

3.3.4　挑选基金组合成员 66

3.3.5　做好动态调整保持平衡 67

第 4 章　股市盈利要懂得的金股选择技法

4.1　不同市场行情的选股技法 70

4.1.1　牛市中的选股 70

4.1.2　熊市中的选股 72

4.1.3　猴市中的选股 74

　　实例分析 猴市中选股波段操盘 75

　　实例分析 猴市中处于上升行情中的个股 76

4.2　不同行业题材的股票选法 77

4.2.1　不同行业中如何选择股票 78

4.2.2　不同概念下如何选股 79

4.2.3　不同地区中的股票如何选 81

4.3　通过技术分析选股 82

4.3.1　股价向上突破箱体顶部 82

　　实例分析 *ST 美谷（000615）股价向上拉升突破箱体顶部买入分析 83

4.3.2　股价向上突破前期高点 84

　　实例分析 天音控股（000829）股价向上突破前期高点买入分析 85

4.3.3　股价向上突破下降趋势线 86

　　实例分析 北方股份（600262）股价向上突破下降趋势线买入分析 87

4.3.4　股价向上突破上升通道的上轨线 88

实例分析 万华化学（600309）股价向上突破上升通道上轨线买入分析 89

4.3.5　股价向上突破整理平台 91

实例分析 *ST 园城（600766）股价向上突破整理平台................................92

第 5 章　用好 K 线技术精准把握股市涨跌

5.1　单根 K 线发出的买卖信号怎么用 96

5.1.1　锤 子 线 96

实例分析 三木集团（000632）股价下跌后的低位区域出现锤子线.............96

5.1.2　流 星 线 98

实例分析 威孚高科（000581）高位流星线发出顶部信号 99

5.1.3　十字星线 100

实例分析 赣能股份（000899）顶部横盘整理收出十字星线....................102

5.1.4　光头阳线 103

实例分析 中钢国际（000928）大幅上涨后的高位区出现光头大阳线........104

5.2　通过 K 线组合如何捕获买卖点 105

5.2.1　曙光初现形态 105

实例分析 中基健康（000972）底部区域出现曙光初现形态分析...............106

5.2.2　乌云盖顶形态 107

实例分析 中国医药（600056）高位区域形成乌云盖顶形态.....................108

5.2.3　好友反攻形态 109

实例分析 首旅酒店（600258）股价下行低位形成好友反攻形态.............110

5.2.4　淡友反攻形态 111

实例分析 科新发展（600234）大涨后的高位区域形成淡友反攻.............112

5.2.5　上升三部曲 113

实例分析 格尔软件（603232）拉升途中形成上升三部曲.......................114

5.2.6　下降三部曲 116

实例分析 浙江震元（000705）下跌初期形成下降三部曲.......................116

5.3　K 线顶部和底部形态应用技法 118

　　5.3.1　V 形底和倒 V 形顶 118

　　　　`实例分析` 安泰科技（000969）股价急跌急涨形成 V 形底 119

　　　　`实例分析` 贝瑞基因（000710）股价急涨急跌形成倒 V 形顶 120

　　5.3.2　双重底和双重顶 121

　　　　`实例分析` 卧龙电驱（600580）股价下跌底部形成双重底 122

　　　　`实例分析` 国际医学（000516）股价高位区域形成双重顶 123

　　5.3.3　头肩底和头肩顶 124

　　　　`实例分析` 伊力特（600197）股价下跌低位区形成头肩底 125

　　　　`实例分析` 创兴资源（600193）股价高位区形成头肩顶 127

　　5.3.4　三重底和三重顶 128

　　　　`实例分析` 桂冠电力（600236）股价下跌低位区形成三重底 129

　　　　`实例分析` 澳柯玛（600336）股价上涨高位区形成三重顶 130

第 6 章　借助技术指标轻松把握股市变化

6.1　从量价关系的变化中找买卖机会 132

　　6.1.1　量增价涨 132

　　　　`实例分析` 兴发集团（600141）量增价涨关系变化分析 133

　　6.1.2　量增价平 134

　　　　`实例分析` 华阳新材（600281）量增价平关系变化分析 134

　　6.1.3　量增价跌 135

　　　　`实例分析` 中直股份（600038）量增价跌关系变化分析 136

　　6.1.4　量缩价涨 137

　　　　`实例分析` 重庆啤酒（600132）量缩价涨关系变化分析 138

　　6.1.5　量缩价平 139

　　　　`实例分析` 亨通光电（600487）量缩价平关系变化分析 139

　　6.1.6　量缩价跌 140

　　　　`实例分析` 浙数文化（600633）量缩价跌关系变化分析 141

6.2 看清 MACD 指标找准买卖点 142

　6.2.1 黄金交叉与死亡交叉 142

　　实例分析 通化东宝（600867）MACD 低位金叉和零轴金叉分析 143

　　实例分析 杉杉股份（600884）MACD 高位死叉和零轴死叉分析 144

　6.2.2 DIF 线和 DEA 线的值与位置 145

　6.2.3 MACD 指标红绿柱应用 148

　　实例分析 华映科技（000536）MACD 指标红绿柱状线变化分析 148

　6.2.4 MACD 指标背离现象 150

　　实例分析 中国船舶（600150）MACD 指标与股价底背离分析 150

　　实例分析 紫江企业（600210）MACD 指标与股价顶背离分析 152

6.3 通过 BOLL 指标抓住市场动向 152

　6.3.1 BOLL 指标三轨线运行规律应用 153

　6.3.2 BOLL 指标三轨线与股价的关系 155

　6.3.3 BOLL 指标开口形喇叭形态 159

　　实例分析 西藏珠峰（600338）BOLL 指标开口形喇叭口分析 160

　6.3.4 BOLL 指标收口形喇叭形态 161

　　实例分析 宝钛股份（600456）BOLL 指标收口形喇叭口分析 162

　6.3.5 BOLL 指标紧口形喇叭形态 163

　　实例分析 航天晨光（600501）BOLL 指标紧口形喇叭口分析 164

6.4 看懂 KDJ 指标有效判断市场 165

　6.4.1 KDJ 指标的超卖现象 165

　　实例分析 信雅达（600571）KDJ 指标发出超卖信号 165

　6.4.2 KDJ 指标的超买现象 167

　　实例分析 八一钢铁（600581）KDJ 指标发出超买信号 167

　6.4.3 KDJ 指标的交叉运用 169

　　实例分析 长电科技（600584）KDJ 指标的金叉现象 170

　　实例分析 万业企业（600641）KDJ 指标的死叉现象 171

第 1 章

不同风险承受力投资者选基策略

　　基金投资是一种比较便捷的投资方式，受到广大投资者的喜爱。但是，基金市场较大，类型丰富，品种繁多，不同类型的基金投资风险不同，因此，投资者需要根据个人的风险承受能力来选择适合的基金，以便在风险承受范围内追求财富的增长。另外，本书仅从知识的角度为读者讲述相关内容，旨在帮助读者学习相关技能，而不是投资者买卖基金、股票的标准和依据。

1.1 风险厌恶型投资者稳选货币基金

货币基金也常被称为"准储蓄产品"，是聚集社会闲散资金，由基金管理人运作，基金托管人保管资金的一种开放式基金，专门投向风险小的货币市场工具。

货币基金最大的特点在于安全性高、流动性高、收益稳定，是大部分初入基市的低风险投资爱好者的首选基金品种。

1.1.1 选择一款适合的货币基金

市面上购买货币基金的途径有很多，例如，支付宝中的余额宝、微信中的零钱通等。但是投资者最为关心的还是如何从众多的货币基金中挑选一只收益更高、更稳定，风险更低的基金，这里介绍几种实用的方法。

（1）看基金的规模

基金规模指的是这只基金管理的资产总量，简单来说就是这只基金里面一共有多少钱。很多投资者在选择货币基金时总是首选规模大的基金，甚至是越大越好，其实这种想法并不完全对。

货币基金的规模过大或者过小都不适合，基金规模过大时，基金经理出于对资金安全性和流动性的考虑，更倾向于选择投资期限短的资产，那么预期收益只能处于中下游；基金规模太小，投资者的日常申赎会对基金的运作产生影响，同时也不利于基金管理者和银行谈判，预期收益自然比不过其他基金。因此，综合比较来看，中等规模的基金收益更高。

（2）看基金的收益

货币基金的收益情况一般用七日年化收益率和万份收益两个指标来表示。七日年化收益率是指货币基金最近七日的平均收益进行年化以后得到的数据，是对过去七天基金盈利水平的反映，计算预期收益时的具体公式如下：

预期收益 = 本金 × 七日年化收益率

假设某货币基金七日年化收益率为 3%，投资者投入 1.00 万元本金，那么一年以后的预期收益为：10 000.00 × 3%=300.00（元）。用 300.00 元的预期收益除以 12，可以得到每月的平均预期收益；用 300.00 除以 365 可以得到每一天的预期收益；最后用平均每一天的预期收益乘以 7 就能得到未来七天的预期收益情况。

而万份收益就是指一万份货币基金（每份单位净值固定为 1.00 元，因此也可以说 1.00 万元）当天可以产生的收益，计算收益时的具体公式如下：

收益 = 已确认金额 × 万份收益 ÷ 10 000

假设某货币基金当日万份收益为 0.30 元，投资者已确认的金额有 10.00 万元，那么当日可以获得 3.00 元收益。

需要注意的是，七日年化收益是以过去的历史收益计算未来七天的预期收益水平，万份收益代表货币基金当天的预期收益水平，它们都属于短期数据，并不能完全代表货币基金的业绩能力。因此，在实际的货币基金选择中，投资者一方面要尽量选择七日年化收益率和万份收益高一些的基金，另一方面还要从基金长期收益率走势来看，选择业绩优秀、走势稳定的基金，这样的货币基金才是好基金。

（3）看机构持有比例

有的人选基金喜欢跟随机构，觉得机构选择的基金就是好基金，但是要知道，在一只货币基金中，机构持有比例越大，发生巨额赎回的可能性越大，且机构持有比例高的货币基金申购赎回都很频繁，资金量又大，对货币基金整体的安全性、流动性都会造成很大的影响。所以，投资者应该挑选机构持有比例较小，最好在 30% 以下的货币基金。

（4）货币基金 A 还是 B

不难发现，货币基金市场中还有一些名字相同但却以 A 和 B 进行区分的，那么哪一种基金更好，又应该如何去选择呢？其实，两者都是货币基金，它们最大的区别在于投资门槛。A 类基金投资门槛低，或者可以说没有投资门槛，小额资金都可以参与；而 B 类基金投资门槛较高，很多需要百万元以上的资金才能参与。因此，投资者根据自己的资金情况选择适合的基金即可。

1.1.2 货币基金申购时间有奥秘

货币基金采用的是 T+1 交易制度，意思是 T 日申购，T 日无收益，T+1 日确认份额之后开始计算收益。开放基金认购交易的时间段为周一至周五每天 9:30 ~ 11:30，13:00 ~ 15:00。从这里可以看到，如果投资者在 T 日的 15:00 后才申购，则算是 T+1 日申购成功，要到 T+2 日才能产生收益。

因此，投资者尤其需要注意基金申购过程中的时间问题。

（1）周一至周四申购

在基金交易制度中，T 日指的是工作日，非工作日的所有操作将顺延至工作日，所以，根据基金市场交易的时间规则，可以得到表 1-1 中货币基金计算收益的时间。

表 1-1　货币基金计算收益的时间

交易时间	买入时间		转出时间	
	计算收益	收益到账	收益截止	资金到账
周一 15:00 前	周二	周三	周一	周二
周二 15:00 前	周三	周四	周二	周三
周三 15:00 前	周四	周五	周三	周四
周四 15:00 前	周五	周六	周四	周五
周五 15:00 前	下周一	下周二	周五	下周一

从表 1-1 可以清楚看到，投资者在申购货币基金时应尽量在周四 15:00

之前，如果到周四 15:00 以后再申购，那么投资者将白白损失周末的预期年化收益。同样的，货币基金转出赎回时也应尽量在周四 15:00 之前，否则资金到账时间不仅要延迟到周一，还要损失周末两天的收益。

（2）节假日的申购

货币基金在法定节假日同样有收益，但是同样由于基金的 T+1 交易制度，如果投资者在节假日或非交易时间段内申购基金，会导致资金出现"站岗"的情况，不仅损失节假日期间的收益，还会增加货币基金投资的时间成本。

以 2023 年五一劳动节为例，劳动节放假时间为 4 月 29 日至 5 月 3 日，5 月 4 日正式工作，所以，如果投资者想要在五一假期期间获得收益，则要在上周四（4 月 27 日）15:00 之前买进基金，28 日确认份额才可以。如果在周四 15:00 之后买进，就需要延迟到下周周四（5 月 4 日）确认份额，这样一来就损失了五一假期期间 5 天的收益，非常不划算。

拓展知识 *货币基金节假日交易注意事项*

一般来说，大部分业绩表现优异的货币基金每逢节假日之前，为了保障已持有投资者的权益及防止大额套利，会提前几天甚至一周时间暂停申购，或者暂停大额申购。因此，投资者在这个时候需要关注基金公司的公告，提前做好交易规划。

最后，虽然市面上大部分的货币基金实行 T+1 交易制度，但是许多基金公司为了迎合各类投资者的需要，与银行合作推出了 T+0 交易制度的基金，以便满足投资者资金实时到账的要求。所以，投资者要注意查看相关条款。

1.1.3　转换基金收益不留空白

T+1 基金交易制度增加了投资者购买和赎回的时间成本，例如，某投资者持有基金 A，但觉得基金 A 收益率较低，想重新买入收益率更高的基金 B。那么他在 T 日发起赎回，T+1 日资金到账，在资金到账当天买入基金 B，则需要顺延到 T+2 日才开始计算收益。

这其中的申购、赎回操作不仅让投资者损失两天的收益，而且一进一出还损失了手续费用，毕竟货币基金没有申购、赎回费用，但不代表没有其他费用，比如管理费用、托管费用及销售服务费用。

此时，如果投资者能够巧用"基金转换"，则能轻松化解这一问题。基金转换指的是投资者能够在卖出 A 基金的同时买入 B 基金，且在基金转换期间也会计算收益，基金在交易日 15:00 前转换的，会计算转换后基金的收益；基金在交易日 15:00 后转换的，会计算转换前基金的收益。

但是，并非任何货币基金都可以相互转换，一般来说，需要满足以下转换规则。

①转换的两只基金必须都是同一基金管理人管理的且在同一注册登记人处注册的基金。

②基金转换只能在已开通代销和转换业务的同一基金公司管理的开放式基金之间进行。

③基金转换以基金份额为单位进行申请。

④基金转换采取未知价法，即基金的转换价格以转换申请受理当日转出、转入基金的份额资产净值为基准进行计算。

⑤基金份额在转换后，持有时间将重新计算。

总的来说，投资者借助基金转换来进行基金产品更换，可以使基金收益持续。而且与正常的赎回再申购相比，基金转换不用再支付申购赎回的费用，转换的费率较低，能够降低投资成本，是一个比较好的再投资方式。

1.2　稳健型投资者优选债券基金

债券基金指的是专门投资于债券的基金，它通过集中众多投资者的资金对债券进行组合投资，寻求较为稳定的收益，因此，非常适合寻求稳健收益的投资者。

1.2.1　多种多样的债券基金巧选择

虽然债券基金相比股票型基金来说风险要小很多，但是债券型基金并非无投资风险。另外，因为债券基金的种类有很多，且不同类型的债券基金存在的投资风险也是不同的。所以，投资者在做债券基金投资之前需要了解债券基金的类型，以便寻找到真正适合自己的债券基金。

（1）按照投资方式划分

根据债券基金的投资方式进行划分，可以分为主动债基和被动债基，主动债基主要依赖基金经理主动的投资决策、杠杆及久期搭配等，来获取超额收益的机会；被动债基则主要跟踪某一特定债券指数进行被动投资，指数种类繁多，产品费率较低。

（2）按照产品投资范围划分

按照产品的投资范围划分，可以分为纯债基金和混合债基。纯债基金指的是投资范围只有债券的基金，根据纯债基金主要投资债券的剩余期限不同，还可以将纯债基金进一步划分，具体见表 1-2。

表 1-2　不同类型的纯债基金

种　类	主投债券剩余期限	种　类	主投债券剩余期限
超短期纯债基金	不超过 270 天（含）	短期纯债基金	不超过 397 天（含）
中短期纯债基金	不超过 3 年（含）	中长期纯债基金	超过 3 年

而混合债基指的是除了投资债券外，还投资其他有价证券的基金，比

如股票。根据基金参与股市的方式又可分为一级债基（可转债转股等方式）和二级债基（可通过二级市场买卖参与）。

纯债基金和混合债基的风险比较情况见表 1-3。

表 1-3　纯债基金和混合债基的风险比较情况

名　　称	投资范围	风险特点
短期纯债基金	仅投资债券	整体来看风险较低，收益稳健
中长期纯债基金	仅投资债券	风险适中，收益与债市波动密切相关
一级债基	可投资可转债（可转股）	风险与中长期纯债基金基本接近，但投资范围更为广泛，收益来源也更为广泛
二级债基	可投资可转债，还可以通过打新及二级市场交易投资股票，但是比例不超过20%	参与权益资产投资，风险相对其他债券基金更大，收益来源在债基中最广，收益率相对较高

从表 1-3 中的内容可以看到，债券基金的投资风险大小依次为：二级债基 > 一级债基 > 中长期纯债基金 > 短期纯债基金。因此，投资者如果从风险承受能力方面考虑，风险承受能力较低的投资者可选择纯债基金；风险承受能力较高的投资者可选择二级债基。

（3）按照运作方式划分

按照基金的运作方式划分，债券基金可以分为开放式债基、封闭式债基、定开债基和持有期债基。开放式债基指的是随时都可以申购赎回的债券基金；封闭式债基则是有一定封闭期的债券基金，且封闭期内不能申购和赎回；定开债基则是固定期限开放的债券基金；持有期债基是买入后需要持有一定时间才能卖出的债券基金。

对于投资者来说，从资金的流动性考虑，如果对资金流动性要求较高，可以选择开放式债基；若是对资金流动性要求不高，确定资金在中长期范围内都不会使用，则可以考虑带有一定封闭 / 持有期的债基。

根据前面的介绍，我们可以看到，债券基金的种类繁多，那么投资者如何从众多的债券基金中来判断它的类型呢？其实比较简单，主要可从三个方面来判断。

首先，可以从债券基金的名称来判断，一般债券基金的名称中会出现纯债、短债、中短债、信用债等字样，这些文字可以帮助我们确认债券类型。

其次，可以查看基金合同中规定的投资范围，看是否投资可转债、股票。

最后，还可以查看债券基金的配置比例，通过资金配置中债券、股票的持有比例来帮助判断债券基金是纯债还是混合债。

这样一来，投资者就能够清楚地判断债券基金类型了。另外，债券基金的种类丰富，且不同基金风险差异大，投资者需要根据自己的风险偏好、收益预期和资金流动性需求来选择适合自己的债券基金，这才是最好的投资策略。

1.2.2　了解债券基金信息优选基金

债券基金与股票基金的不同之处在于稳定性，是一款适合长期投资的理财产品，不会像股票基金一样需要频繁操作，逢低买进、逢高卖出寻求波段收益，债券基金基本上长期持有才能够获得更多的盈利，且持有时间基本在一年以上。由此可知，投资者做债券基金投资时更需要选择一款真正优质的产品。

一是查看债券基金的成立日期，尽量选择成立时间较早的老基金，一般选择成立时间五年以上的基金较好。二是选择规模适中的债券基金，通常规模在 5.00 亿～ 10.00 亿元比较好。

接着分析目标基金的持仓情况，此时可以查看基金的晨星股票投资风格箱和资产配置，图 1-1 所示为华泰柏瑞稳本增利债券 A 基金的资产配置图。

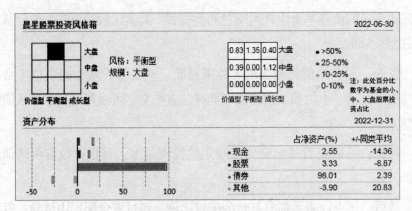

图 1-1　华泰柏瑞稳本增利债券 A 基金资产配置图

从图 1-1 中可以看到，该基金中股票投资风格属于大盘平衡型，且因为股票整体占比 3.33%，债券占比 98.01%，所以，该基金属于风险较低的稳健型债券基金。

知道了基金中的股债比之后还要进一步查看它的债券持仓，图 1-2 所示为该基金重仓债券的持仓情况。

序　号	债券代码	债券名称	占净值比例	持仓市值（万元）
1	102100004	21华发集团MTN001	6.90%	1 038.14
2	102101642	21晋能电力MTN001	6.85%	1 029.93
3	101901099	19陕煤化MTN003	6.80%	1 022.26
4	019666	22国债01	6.78%	1 020.21
5	220004	22附息国债04	6.76%	1 016.76

图 1-2　重仓债券持仓情况

从图 1-2 中可以看到，在前五重仓债券中，前三重仓债券都属于信用债，而判断信用债风险的最好办法就是查看它的信用评级。一般来说，AAA 级的债券风险最低，而 AA 级债券及以下评级的债券风险相对较高。查看债券的信用评级也非常简单，中国债券信息网及各类财经网都能快速查询。

在了解了债券基金的风险情况之后，还需要知道它的获利能力，毕竟投资的最终目的都是获利，所以，需要选择一只获利能力强的基金。因为债券基金持有时间较长，所以，查看短期收益率意义并不大，需要通过年度收益率来看其表现，如图 1-3 所示。

	2022年度	2021年度	2020年度	2019年度	2018年度	2017年度	2016年度	2015年度
阶段涨幅	3.99%	10.32%	1.68%	3.88%	7.09%	2.32%	-5.13%	5.38%
同类平均	-3.03%	6.61%	7.34%	8.65%	1.92%	2.36%	0.54%	12.60%
沪深300	-21.63%	-5.20%	27.21%	36.07%	-25.31%	21.78%	-11.28%	5.58%
同类排名	10|1183	108|884	552|710	506|633	64|597	245|610	355|387	312|350
四分位排名	优秀	优秀	不佳	不佳	优秀	良好	不佳	不佳

图 1-3　年度收益率

然后将基金收益率走势与大盘指数和同类平均进行比较，如图 1-4 所示。应该选择收益率走势良好且稳定上升的优质债券基金。

图 1-4　收益率走势图比较

债券基金选择到这一步已经大致清晰了，最后投资者还可以查看基金的费率情况，费率低的债券基金投入的成本相对更低；或者查看债券基金的基金经理情况，尽量选择基金经理变动少的基金。

1.2.3　认清可转债基金再下手

债券基金中有一类非常特别的基金——可转债基金。简单来说，就是指主要以可转债为投资标的的基金，一般来说，可转债的占比在 40% 以上。很多投资者被这个名字吸引，以为它和普通债券基金一样，其实不是，它与普通债券基金差别较大，投资风险也存在较大区别，投资者在决定购买之前需要仔细了解清楚。

想要明白可转债基金，就必须先了解可转债是怎么一回事儿。可转债就是可转换债券，即这个债券既具有债券的属性，也具有股票的属性，能够进行转换，持有人如果按照债券约定持有到期，则可以享受债券利息收益，但投资人也可以按照约定的比例和价格将持有的债券转换成股票，享受股票波动上涨的涨幅收益。

从可转债的双重属性可以看到，实际上可转债就是在传统的债券基础上附加了一个股票看涨期权，使得投资者有了更多的投资选择，既可以将其当成一张债券享受利息收益，也可以在股价上涨时，将其转换成股票享受股票上涨的收益。

可转债的投资规则比较复杂，转换操作也需要一定的技巧，对于普通投资者来说比较麻烦，但此时我们可以投资可转债基金，将可转债的投资操作交由专业的基金经理进行，作为投资者只需要享受收益回报即可，这样投资更为简单。

对于可转债基金投资者来说，主要有两点需要注意：

一是基金经理的选择，因为可转债基金的投资主要在于基金经理的操作，所以，基金经理的管理经验、过往业绩、投资产品风格特征等都是需要重点考虑的问题。投资者在选择基金经理时应该首要选择成熟稳重、比较有魄力的经理，这样的基金经理在分析时往往能够更冷静，给出科学合理的投资判断。

二是可转债基金的买入时机，可转债基金的走势与可转债的正股股价走势密切相关，即正股股价的上涨在一定程度上会导致可转债上涨，从而推动可转债基金上涨，反之，则可能导致可转债基金下跌。因此，投资者可以选择在正股股价上涨时买入可转债基金，在正股股价下跌时选择卖出可转债基金。

可转债基金因为有债底保护（债底保护是指可转债跌到一定程度就不会再跌了），还有转股带来的潜在收益刺激，所以，很多投资者将其视为一种理想的投资产品。但是要明白，任何投资都有风险，可转债基金当然也不例外，而且因为可转债具有股性，所以，在一定程度上可转债基金与股票基金一样投资风险较大，投资者在投资之前需要理性考虑。

1.3　激进型投资者精选股票基金

股票基金是指以股票为主要投资对象的基金，它能使投资者以基金投资的方式分享股市收益。与其他种类的基金相比，股票基金的风格更加多样化，潜在收益更高，投资风险也更大，也更适合有高收益追求的投资者。

1.3.1　利用指标分析基金质量

股票基金潜在收益率高，投资风险也高。因此，在投资之前投资者需要对基金进行全面考察，以便在追求高收益率的同时能够在一定程度上降低投资风险。

我们打开一只股票基金，在详情页面中可以看到各种各样的信息，那么如何从中找到真正有用的信息呢？可以从以下几个指标入手。

（1）四分位排名情况

四分位排名是将同类基金按涨幅大小顺序排列，然后等分为四个部分，每个部分大约包含四分之一即 25% 的基金，基金按相对排名的位置高低分为：优秀、良好、一般、不佳。

在选择股票基金时需要有意识地筛选短期业绩和中期业绩表现在平均水平以上，即"优秀"和"良好"的基金，这样的基金往往业绩表现更为稳定。

（2）基金累计净值增长率

基金累计净值增长率是指一段时间内基金净值（包括分红）增加或减少的百分比，可以用它来评估基金正式运作的业绩表现，其计算公式如下：

基金累计净值增长率 ＝（累计份额净值 − 单位面值）÷ 单位面值

通常来说，基金累计净值增长率越高，基金在一定时期内的表现越好。但是，在看基金的累计净值增长率高低时还应该结合基金运作时间的长短，一般成立时间较短的基金其基金累计净值增长率会比同类型的成立时间较长的基金低，此时并不能说这样的基金业绩表现就不好。

（3）基金的分红情况

基金处于亏损情况下时是不能分红的，因为按照基金合同规定，分红一般是按照当年实现的可分配利润来进行的。所以，基金如果存在分红，则可以确定基金是盈利的。此外，看基金分红的具体情况，如果分红比例高，可以在一定程度上反映出该基金的运行状态良好。

（4）业绩比较基准

业绩比较基准是基金招募说明书里会给出的业绩指标，基金的目标就是追求超越业绩比较基准的投资回报。可以说，业绩比较基准是基金的"及格线"指标。如果基金业绩不能达到这个指标，那么该基金的业绩表现可以说是不及格的。

不同类型股票基金制定的业绩比较基准是不同的，通常会用到指数的同期走势，比如偏价值型的基金一般会将业绩与同期沪深 300 指数做比较，而各行业的基金则会将业绩与各自行业同期的指数走势比较。

例如，中欧电子信息产业沪港深股票型证券投资基金的业绩比较基准为：中证 TMT 产业主题指数收益率 ×65%＋ 恒生指数收益率 ×20%＋ 中证综合债券指数收益率 ×15%。

（5）夏普比率

夏普比率也被称为夏普指数，它是风险调整后的基金绩效指标，衡量的是基金相对无风险利率的收益情况。可以将其理解成每承担一分风险，能带来多少超出银行利率之外的收益。其计算公式如下：

夏普比率 =(年化收益 − 无风险利率) ÷ 组合年化波动率

基金的夏普比率越大越好。夏普比率数值越大，代表基金所承受的风险能够获得的回报越高；夏普比率数值越小，代表基金所承受的风险能够获得的回报越小。当夏普比率为负时，则没有参考意义。

（6）标准差

基金的标准差是指在过去的一段时间内，基金的收益率相对于预期收益率的偏差幅度，反映基金收益率的波动程度。标准差数值越大，表明这只基金的收益率波动越大；标准差越小，基金的历史阶段收益越稳定。

例如，如果 A 基金和 B 基金长期业绩表现相当，但 A 基金净值大起大落，波动变化较大，B 基金则是小幅稳定向上攀升。从长期来看，A 基金的标准差大于 B 基金，投资风险也高于 B 基金。

（7）最大回撤

最大回撤是指在一段时间内，基金净值最高点到最低点之间的波动幅度，通常用来描述任意一个投资者可能面临的最大亏损，它是一个重要的风险指标。

通常，回撤数据小，说明基金经理能及时应对市场的变化，风险把控能力较强。但是，回撤数据只能说明基金的抗风险能力，并不能代表盈利能力，因为回撤波动大，那么在带来高风险的同时也可能带来高收益。

1.3.2　分析基金的持仓情况和投资风格

在选择一只基金时，除了需要通过历史单位净值走势、夏普比率、基金累计净值增长率等指标来判断基金质量外，还要进一步分析股票基金的持仓情况和投资风格，最后判断该基金是否适合自己，因为这部分内容往往是基金业绩表现优劣的根本原因。

（1）查看基金资产配置

股票基金的资产配置主要是看股票仓位占基金资产净值的比例，不仅要看当期的仓位情况，还需要看过往季报的仓位情况。通过这样对比查看，可以判断该基金经理在投资时是否做了择时处理。

如果长期以来股票仓位一直保持在同一比例水平，说明该基金经理投资不做择时。但如果仓位变化较大，牛市时股票仓位明显增加，熊市时股票仓位明显下降，说明该基金经理做了择时。此外，还可以对照市场行情进一步判断基金经理做的择时投资好不好。

（2）持股集中度

持股集中度指的是在股票基金中前十大重仓股占股票市值的比例情况。一般而言，股票基金的持股集中度在 20% ~ 89%，偏股混合基金的持股集中度在 10% ~ 95%，整体平均在 55% 左右。占比越高，说明持股集中度越高，占比越低则说明持股集中度越低。

集中度越高，说明基金经理对自己选择的几只股票非常自信，尤其看好这几只股票后市走势，期望通过重仓配置这几只股票来获得超额收益。一般持股集中度 55% 以上就算比较高了。

持股集中度较高的股票基金表现更为激进，波动也比较大，所以，这类基金的投资风险也会更大，但是收益也随之增长。反之，持股集中度较低的基金，风险会更为分散，收益率也会降低。

（3）行业配置情况

一只股票基金通常会配置来自不同行业的股票，例如，能源、制造、消费等。投资者需要查看基金的行业配置情况是集中还是分散，是一直专注投资某几个行业，还是会做比较明显的行业轮动。当资产具备足够的分散性时，能够有效降低基金风险。

通常情况下，如果第一重仓行业比例超 50%，就可以认为是行业集中度高的基金，这类基金也称为行业型股票基金或主题型股票基金。如果第一重仓行业比例低于 30%，可以认为是投资行业分散的基金，这类基金也称为行业分散型股票基金。若第一重仓行业比例在 30% ～ 50% 时，认为是均衡型偏行业基金。

（4）查看投资风格

股票基金的投资风格主要看是大盘、中盘还是小盘，以及是价值型、平衡型还是成长型。大、中、小盘不是指基金本身的规模，而是指基金的投资方向，如果基金投资大盘股，就是大盘基金，如果基金投资小盘股，就是小盘基金。

而价值、平衡及成长代表的是股票的估值和未来增长的潜力，价值型基金以追求稳定的经常性收入为基本目标，所以，以大盘蓝筹股、公司债、政府债券等稳定收益证券为投资对象；成长型基金以追求资本增值为基本目标，以具有良好增长潜力的股票为投资对象；而平衡型基金则介于价值型和成长型之间。

因此，股票基金的股票投资风格越偏向小盘股、成长型，那么它的投资风格就越激进，投资风险也越大。反之，投资风格越偏向大盘股、价值型，投资风格就越稳健，投资风险也相对较低。

从上述介绍中可以看到，从基金的持仓和投资风格入手，能够快速了解股票基金的投资方向和投资策略，明确投资风险和潜在的收益情况，进而帮助我们做出更为准确的投资判断。

1.3.3　抓住机遇适当抄底

"抄底"是股票市场中常见的一种底部买进说法，那么，在基金市场中是否能用呢？答案是肯定的。基金抄底指的是投资者在基金净值经过一番长期下跌后的价格低位，认为基金净值不会继续下跌了，而做出的买入行为。投资者买入后基金净值止跌回升，则说明投资者抄底成功，能够得到不错的投资回报，但如果买进后基金净值继续下行，则抄底失败而被套半山腰。

这里的"底"需要投资者借助自身的投资经验及市场走势分析来做真底和假底的判断，而非单纯地靠直觉感知。这里介绍几种底部判断方法，帮助投资者科学判断基金走势的底部。

（1）历史最大回撤

在前面的内容中介绍过基金历史最大回撤，它是一段时间内基金净值最高点到最低点之间的波动幅度。我们知道基金净值是处于波动变化之中的，正常来说基金的阶段性调整，调整幅度不太可能超过历史最大回撤幅度，所以，投资者可以借助最大回撤来判断基金底部，当基金阶段性下跌的幅度达到或接近历史最大回撤幅度时，说明可能离阶段性的底部不远了。

（2）基金标的物的走势

基金标的物的走势能够影响基金的走势，当基金标的物上涨时，会带动基金净值上涨，反之，当基金标的物下跌时，会导致基金净值下跌。所以，当基金标的物处于历史低位时，基金相应地也处于低位，投资者在判断基金底部位置时可以借助基金标的物的走势来做进一步的分析。

（3）基金估值

估值是指评定一项资产当时价值的过程。在股市中，资深的投资者通常会运用估值的方法来选择股票，例如某只股票的市价为 9.00 元，如果此公司经营业绩良好，估值区域为 20.00 ～ 40.00 元，说明此股票在资本市场被严重低估，此时买入该股投资风险较小。基金投资也是同样的道理，基金本质也是一种长期投资，在估值低的时候买入，风险自然更低。

判断估值高低最常见的就是看指数市盈率指标，投资者购买哪个行业的基金就对应查看哪个行业的指数估值。当估值处于低估状态接近底部时，投资者就可以抄底买进对应的股票基金。图 1-5 所示为中证 100 指数和创业板指数估值。

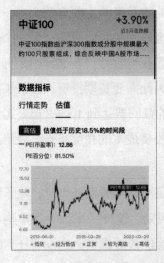

图 1-5　中证 100 指数和创业板指数估值

从图 1-5 中的估值情况可以看到，中证 100 指数的 PE 百分位为 81.50%，低于历史 18.5% 的时间段，距离底部较远，属于高估状态，投资风险较大，不能抄底。而创业板指数的 PE 百分位为 4.63%，低于历史 95.37% 的时间段，距离底部较近，具备抄底条件，投资者可以筛选相对应的股票基金做抄底操作。

总的来说，对于主动管理型的股票基金来说，判断基金是否处于底部区域需要结合多方面信息进行综合分析，才能提高底部判断的准确性。

1.3.4　长期持有还是短线操盘

股票基金是做长期投资还是短期投资呢？这个问题困扰着很多投资者。实际上，对投资者来说，无论是做短期投资，还是做长期投资，都可能获得不错的投资收益。但是，短线投资的前提条件是投资者具备丰富的市场投资经验，能够对市场有比较敏锐的感知，做到逢低买进，逢高卖出，赚取波段收益。反之，如果投资者不能准确地判断市场底部和顶部，那么短线操盘可能不仅不会带来丰厚的回报，还会加大投资成本。

首先，因为投资者投资股票基金的收益来源主要有两个：一是获得上市公司盈利之后的股利分红，包括现金股利和股票股利；另一个是投资者通过低买高卖波段操作赚取差价，从而获得收益。在这其中，上市公司的分红需要经过一段时间的盈利增长，因此需要长期投资。而低买高卖必然涉及频繁操作，因为大部分股票基金的赎回费达到1.5%，但是短期内获得1.5%的收益也并非易事，所以，站在投资成本的角度来看，股票基金更适合以长期持有为主要投资策略。

其次，在一般的基金交易平台上每次购买股票基金时，除了手续费外还得遵循申购T+1和赎回T+2交易规则。这样一来，一番申购、赎回操作至少有4个工作日的时间，申购基金的钱被冻结，也没有任何的利息，这样会导致资金闲置的浪费。

最后，从股票基金的历史走势来看，短期持有，投资亏损的概率更高，而长期持有盈利的概率更高，因为股票基金主要投资于股票，而股票市场牛熊转换时间较长，所以，长期持有获得收益的概率更大。

但是，要注意的是长期持有并非放着不去管理它。有的投资者将长期持有投资策略简单理解为买入持有即可，直到几年甚至十几年之后再去赎回基金。这显然是不正确、不科学的投资方式，股票基金适合长期持有，但是并非持有时间越长越好。一般来说，我们将一年以内的投资视为短期，一至三年的投资视为中期，而三年以上的视为长期。股票基金一般做中期或长期投资，相比短期更为适合。

另外，在买入之后，还需要定期对基金的业绩表现情况和市场动态进行分析，以便及时调整基金持仓。

第 2 章

"懒人"赚钱必知基金定投技术

　　基金投资最难的一点在于时机，所有投资者都希望能够在最低位置买进，在最高位置卖出，实现精准抄底。但是，很多缺乏投资经验的投资者却常常被套高位，损失惨重。基金定投的出现，在很大程度上降低了投资难度，不需要投资者过多地考虑买入的时间，也不用投资者时刻关注市场走势，只需要投资者定期在固定的时间买入即可。

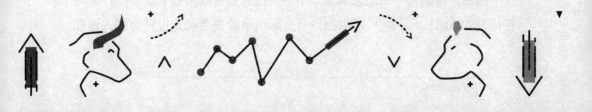

2.1 制订自己专属的定投计划

"不打无准备之仗，不打无把握之仗。"投资也是如此，基金定投并非投资者头脑一热随意选择一只基金来定期定额投资，而是需要根据自己的实际情况制订详细的基金定投计划，然后按照计划实施投资，才能最终实现省心定投。

2.1.1 定资金：确认定投金额

基金定投的第一步就是确定每次定投的金额，看起来比较简单，但实际上里面包含的内容很多。要知道任何投资都存在风险，所以，定投的资金必须是闲置资金，且不能对自身生活及日常所需造成影响，但是也不能投资数额过低，因为每月定投金额过低，对应的收益也低。因此，这就需要投资者把握好基金定额的"尺度"。

可以从三个方面来考虑，一是根据工资收入和结余来确定；二是根据投资期限来确定；三是根据风险承受能力来确定。

（1）根据工资收入和结余来确定

如果是每月有固定收入的上班族做基金定投，其资金来源最大的特点在于稳定且固定，比较适合定期投资这种投资方式。投资的额度可以依据工资的收入情况来确定，如果工资收入较高，可以适当提高定投额度；反之，如果工资收入较低，可以适当降低定投额度。

在每月获得工资收入后先预留生活所需的开销，即投资要以不影响生活为前提。每一个家庭的收入与开销不同，尤其是开销，生活中常常会出现一些意料之外的开销，如果没有确定好定投金额，可能会对正常生活造成影响。

但是，根据每月结余来确定则不同，投资者可以将基金定投的日期定在每月的30日，到30日时根据当月实际结余的资金确定投资金额，通常将剩余资金中的 1/3 或 1/2 拿来做定投，剩余部分资金做灵活储蓄，以便应对生活中可能出现的意外风险。这样就不会影响当月的正常生活了。

（2）根据投资期限来确定

如果是早已有一笔储备资金用于做投资的投资者，可以根据自己的目标投资期限来对投资资金进行划分。例如，目标投资金额为 2.00 万元，目标投资期限为两年，每月定投，那么 20 000.00 ÷ 24 = 833.33（元），投资者每月定投资金在 833.00 元左右。

需要注意的是，用已有的储备资金做定投从时间角度来看，会增加投资成本。

以上述案例为例，如果每月定投 833.00 元，那么在第一个月定投 833.00 元之后，余下的 19 167.00 元则以活期储蓄的方式存储在银行卡中，收益较低，资金的利用率也较低。

此时，投资者可以试着将余额做货币基金投资，选择收益率高于活期储蓄的货币基金，将基金定投的扣款账户直接设定为货币基金账户，这样可以在一定程度上减少损失。

（3）根据风险承受能力来确定

任何一项投资都有风险。因此，在投资时，投资者需要参考自己的实际风险承受能力，将风险严格控制在可承受范围之内。

对于风险承受能力，可以使用"（100 − 年龄）%"这一公式确定。例如，投资者现在的年龄为 30 岁，那么其风险承受能力为 70%。所以，每月的固定投资金额可以为"投资金额 =（收入 − 支出）× 70%"。

通过上述介绍的几种方法基本上可以大致计算出每月可以实际定投的资金数额，帮助投资者合理运用资金，做好资金管理，以便能够在享受生活的同时，实现闲置资金的合理投资。

2.1.2　定产品：选择定投基金

市场中的基金有很多，在前面一章的内容中我们讲到过基金包括债券基金、货币基金、股票基金、混合基金等，那这些基金是否都适合做定投呢？

答案是否定的。

虽然市场中有很多基金，但是并不是所有的基金都适合做定投。投资者要明白，定投的优势是分散投资时机，分摊投资成本，降低投资风险，而债券基金和货币基金本身比较稳定，做分散定投意义不大，反而是一次性投资能够获得更大的收益。

所以，基金定投更适合有一定波动的基金，且基金的净值波动越大，定投更能实现平摊持仓成本的目的，等到反弹时便可以获取较高的收益，这样看来股票基金更适合做定投。

而股票基金按照基金的管理方式划分，又可以分为主动型股票基金和被动型股票基金两种类型。

主动型股票基金是指以寻求取得超越市场的业绩表现为目标的一种基金，根据基金经理的投资策略行动，持仓会根据市场的波动情况进行调整，它的投资更为主动灵活，投资范围更广泛，同时也更考验基金经理的实际投资水平，优秀的基金经理往往能够进行主动预判，通过选股、择时、选择行业方式战胜市场平均水平，有利于争取更高的收益。

被动型股票基金则不同，它是以选取的特定指数成分股作为投资的对象，不主动寻求超越市场的表现，而是试图复制指数的表现。被动型股票基金的优势主要体现在透明度与连续性上面，指数的成分股虽然也会变动，但范围不会很大，个别股票出问题也不会影响全局。此外，被动型股票基金的选择也较为简单，一是看费率，费率越低越好；二是看跟踪偏差，模拟目标指数拟合度越高越好。

主动型股票基金和被动型股票基金的区别见表 2-1。

表 2-1 主动型股票基金和被动型股票基金的区别

项 目	主动型股票基金	被动型股票基金
投资决定	由基金经理和研发团队决定	由目标指标确定
投资成本	主动型股票基金管理难度大，基金管理费用高，投资费率高	被动型股票基金管理难度低，基金管理费用低，投资费率低
操作方式	主动型股票基金操作灵活，基金经理根据市场波动情况灵活调整仓位	被动型股票基金操作被动只能依据指数的变化来增仓、减仓
风险收益	主动型股票基金交易波动大，风险大，收益也较大	被动型股票基金波动小，风险相对较小，收益也较小

从表 2-1 中的内容可以看到，主动型股票基金和被动型股票基金两者区别比较明显，适合不同类型的投资者。风险承受能力较高、追求高收益的投资者可以选择主动型股票基金；而对于寻求稳定收益的投资者则可以选择被动型股票基金。

针对以上两种类型的股票基金，主动型股票基金的选择关键在于基金经理，他是整个投资的灵魂人物，只要选对了基金经理，投资者的定投就成功了一半。投资者可以通过以下方法来选择基金经理。

查看基金经理的学历情况。虽然学历并不能代表能力，但是基金投资对专业技术性要求较高，如果基金经理在名校经过专业学习，则更容易把握和应对市场变化。

查看基金经理的过往业绩情况。基金经理决策能力高低可以从其选股、择股和风险控制能力来进行判断，而这些都可以从其过往业绩来进行确定。如果基金经理历史业绩较好，说明该基金经理管理能力较强。

查看基金经理的从业经验情况。基金经理的从业经验越丰富，则应对市场越沉着，尤其是一些经历过牛熊市场的基金经理，经验更为丰富。

查看基金的最大回撤。最大回撤是指在一段时间内价格从最高到最低的下降幅度，因此，从基金的最大回撤能够看出基金经理的风险控制能力。一般来说，三年内的最大回撤最好在 30% 以内，同类排名越靠前越好。

　　查看基金经理管理的基金数量。基金管理数量虽然在一定程度上可以看出基金经理的能力，但是如果基金数量过多会严重影响基金经理的精力，尤其是这种基本依靠基金经理决策的主动型股票基金。所以，基金经理管理的基金最好不要超过五只。

　　介绍完了主动型股票基金的选择，还有被动型股票基金的选择。被动型股票基金的选择重点是选择目标指数，市场中的指数有很多，例如，宽基指数、行业/主题指数、风格指数及策略指数等。

　　对于新手投资者而言，宽基指数，例如，沪深300、上证50及中证500这类指数比较适合，它并不受限于某个行业，风险更低。其他指数则针对性较强，比较适合对该行业或该主题有一定研究的投资者。

　　在选择基金指数时可以从以下几个方面入手。

　　看跟踪误差。被动型股票基金的投资主要是跟踪目标指数，如果与目标指数的拟合度越高，说明投资越准确，收益估值也越准。

拓展知识　*完全复制型指数基金和增强型指数基金*

　　指数基金按照指数的复制方式可进一步划分为完全复制型指数基金和增强型指数基金。完全复制型指数基金是指通过购买该指数的全部或部分成分股构建投资组合，基金经理不进行任何高抛低吸操作，追求的是获得和跟踪指数持平的收益，这类指数基金的跟踪误差往往非常低。而增强型指数基金除了复制目标指数外，基金经理还加入自己的一些投资想法，进而希望能够提供高于原有指数回报水平的基金收益率，也就是想获得更高的收益，所以，这类指数基金的跟踪误差稍高。在查看跟踪误差时，投资者需要明确自己选择的指数基金类型。

　　选管理费率低的。因为基金定投并非一次两次投资，而是长期性的投资。因此，更加需要挑选那些费用较低的指数基金，这样算下来能够大幅减少投资成本。

　　看基金规模。基金规模如果太小，则抗风险能力差，但是基金规模太大也不好，一般选择5.00亿～50.00亿元的比较好，不过一些优秀基金可以适当放宽。

相信经过这样一番筛选，投资者一定能够选择到心仪的目标基金，做好基金定投。

2.1.3 定渠道：选择正规渠道

基金定投按照购买渠道的不同进行划分，可以分为场内渠道和场外渠道。场内渠道是指通过股票交易软件在证券交易所内买卖基金；而场外渠道则是指基金公司、互联网第三方基金销售平台和网上银行。

在场内渠道进行基金买卖交易，投资者需要在证券公司开户，办完相关手续就可以在证券公司提供的股票交易软件上进行基金交易了。

在购买程序、交易方式、交易时间等操作上，场内基金交易跟股票交易操作基本相同，但是因为场内渠道没有自动定期买入功能，所以，需要投资者手动定期买入基金以实现定投。

场外渠道则不同，不管是基金公司、第三方交易平台，还是网上银行，基本上都实现了定期自动申购功能，可以让投资者的基金定投更加省时、省力。

场内渠道和场外渠道做基金投资的差别较大，具体见表 2-2。

表 2-2 场内渠道和场外渠道基金投资的比较

项　目	场内渠道	场外渠道
交易渠道	在证券公司投资交易	通过银行、基金公司和第三方基金销售平台交易
投资对象	ETF 基金、LOF 基金和封闭式基金	开放式基金
基金费率	证券公司的交易佣金规定（一般在 0.03%）	基金申购 / 赎回费率，不同平台的基金费率不同
投资门槛	门槛高，与股票类似，以"手"为单位交易	门槛低

项 目	场内渠道	场外渠道
交易时间制度	场内基金购买后 T+1 个工作日可卖出，卖后资金在 T+1 个工作日到账，资金在 T+2 个工作日提现	场外基金申购后 T+2 个工作日可赎回，赎回后资金在赎回确认日的 T+2 个工作日到账
交易价格	按股票交易方式进行，根据供求关系，以实时撮合价交易，在交易日的不同交易时间价格是不同的	场外基金申购、赎回是未知价，以基金净值为价格进行交易，每天只有一个价
分红方式	现金分红	现金分红和红利再投资

从表格内容可以看到，场外投资渠道相比场内投资更为便捷，门槛更低，更适合普通投资者，尤其是做基金定投，场外渠道自动定期扣款更加便捷。

那么，在场外渠道的三种方式中，投资者应该如何选择呢？其实，三种渠道各有优势。从本质上来看，可以将其分为直销和代销两种，基金公司属于直销渠道，而银行和第三方基金平台属于代销渠道。

从费率上来看，基金公司直销相比其他方式，投资者可以享受更低的费率，但是基金公司往往只销售自己公司旗下的基金产品，如果投资者想要购买不同基金公司的产品，则需要多次开户、多次交易，手续较为麻烦。而第三方平台和网上银行渠道则可以规避这一麻烦，销售的基金种类往往更加齐全，可以满足投资者的不同需要。

在第三方平台进行基金买卖时需要选择资质齐全、正规的平台，可以查看其工商登记信息等，并核实工商局信息和官网信息是否一致。另外，还可以查看它的公开信息，包括平台的成立时间、经营情况、管理层、风险控制实力、运营团队等。

投资渠道的选择不是听周围人推荐，而是要自己去考察，选择一个正规的、服务优质的、便捷的渠道。

2.1.4 定频率：周投对决月投

基金定投的频率是指每次定投间隔的时间，一般分为日定投、周定投、月定投、双月定投及季度定投。随着间隔的时间增长频率依次减弱，周期变长。其中，最常被投资者使用的是周定投和月定投，因为日定投间隔时间过短，而双月定投和季度定投的间隔时间过长。那么，周定投和月定投中哪一种定投频率更好呢？

下面以一个具体的例子来进行说明。

实例分析

基金周定投与月定投的比较

假设，分别以周定投和月定投的方式投资嘉实沪深 300 红利低波动 ETF 联接 A（007605）基金，起投开始日为 2020 年 1 月 1 日，定投结束日为 2023 年 4 月 4 日。每周定投方式为：每周一定投 500.00 元；每月定投方式为：每月 1 日定投 2 000.00 元。两种定投方式下的投资收益计算如图 2-1 所示。

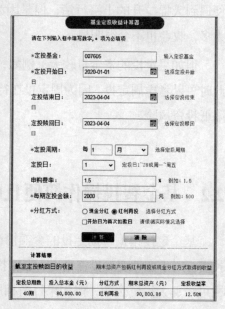

图 2-1 周定投和月定投收益计算

从上述两种定投方式的收益计算结果可以看出，在同样的时间段里，周定投的投资次数更多，投入总本金也更多，为 83 000.00 元。而月定投的投入总本金为 80 000.00 元，但是两种定投方式下的定投收益率差异并不大，周定投收益率为 12.46%，月定投收益率为 12.50%。

从上述案例可以看到，从收益角度来看，周定投与月定投整体上差异不大，没有哪种方式一定优于另一种，但周定投可以更分散地将资金注入市场，在瞬息万变的行情中可以更及时地抓住市场下跌的机会，摊平成本。

既然两种定投方式对投资收益的结果影响不大，那投资者应该怎么选择定投频率呢？还是说随便哪一种方式都可以。其实不是，尽管从收益角度来说，周定投和月定投差别不大，但是对于投资者来说两种投资还是有区别的，不同的投资方式适合不同的投资者，此时可以从投资金额的角度进行选择。

如果投资者定投的资金量不大，例如，每月目标定投金额为 500.00 元左右，此时选择月定投比较好。因为如果把月定投的资金分成周定投，即便遇到大幅拉升的上涨行情，但是因为投入金额较少，买到的份额也不会太多，收益也不会很明显。

但如果定投的资金量较大，例如，每月定投金额在 2 000.00 元及以上，此时可以考虑周定投。因为周定投在行情跌宕变化中可以更好地分散投资，降低投资风险。

2.2　基金智投操作简便且收益更大

基金定投根据每期定投的金额情况可以分为定期定额投资与定期变额投资。对于定期变额投资来说，在定投日时，如果行情好，属于投资机会，则可以加大投资金额，但如果行情相反，则可以减少投资或者是不投资。这样灵活的定投方式一方面可以增加投资者的投资收益，另一方面也可以减少投资损失。

　　但是，这一变额定投方式也为投资者的定投增加了投资难度，尤其是对新手投资者而言，他们难以对市场走向做出准确的判断，又如何能做出增加投资或者是减少投资的决定呢？

　　为了解决这一现实问题，也为了迎合更多投资者的实际投资需要，很多基金销售平台都推出了基金智慧定投模式，它能够根据市场行情的变化，自动调整投资金额，从而达到降低投资成本，提高投资收益的目的。

2.2.1　价值评估定投策略

　　价值评估定投法是利用指数市盈率（PE）、市净率（PB）及净资产收益率（ROE）等指标所在的历史百分位来指导投资的一种方法。当追踪到指数处于合理区间时开始定投，估值处于较低区间时加码定投，而估值处于偏高时停止定投。

　　简单来说，价值评估定投法是根据指数估值的高低来做投资决策，低了便买，高了便不买或者卖，这样一来，可以实现低位加仓、摊薄成本的目的。

实例分析
智慧定投估值模式

　　很多基金销售平台都推出了基金估值定投模式，这里以蚂蚁财富的慧定投为例进行具体的估值定投模式介绍。

　　在估值定投模式下，投资者在选择目标基金，确定扣款时间和基础扣款金额后即可完成定投设置。到定投扣款日期时，系统根据跟踪指数的估值情况做出自动扣款决定。当指数处于低估时，正常扣款，以便低位捕捉筹码；当指数处于非低估时，不扣款，等待下一次扣款机会。当期扣款说明如下。

　　①T−1日指数估值为低估，T日当期扣款。

　　②T−1日指数估值为正常估值，T日当期不扣款。

　　③T−1日指数估值为高估，T日当期不扣款。

当目标指数估值高于该指数历史整体估值 70% 分位（含）的部分视为高估值区间；位于 30% ～ 70%（不含）部分视为正常估值区间；低于该指数历史整体估值 30% 分位（含）的部分视为低估值区间。

从估值定投的核心来看，在指数进入低估值区域开始建仓，然后定期定投加仓，投资者的大部分资金投资在低估值区域，在高估值区域减仓获取收益。相比于传统定投法，这种方式可以降低持仓成本，在低估值时能积累更多的份额，收益率更高，风险也更小。但是，价值评估定投法也不是万能的，它并不适合所有类型的基金，只适合指数型股票基金，因为指数的估值情况比较容易得到，而主动型股票基金的市盈率、市净率与净资产收益率难以获得，所以并不适合。

2.2.2 均线定投法

均线定投法是指以移动平均线作为参考指标指导投资的一种定投方式，它是利用均线与当前市场走势的变化情况来判断市场目前是处于相对高位，还是相对低位，然后设置一个变额的梯度标准，即低于目标均线多少比例时，定投资金就增加多少比例；反之，高于目标均线多少比例时，定投资金就减少多少比例。

在均线定投法中，最为重要的是选择目标均线。均线是将一定时期内的标的价格加以平均得到多个平均值，并把不同时间的平均值连接起来形成的一条曲线，也称为移动平均线 MA，N 日移动平均线 $=N$ 日收市价格之和 ÷N。市场中常用的均线包括 5 日、10 日、20 日、30 日、60 日、180 日、250 日及 500 日，它们分别代表了短期运行趋势、中期运行趋势和长期运行趋势。

均线定投法投资理论的核心在于，从统计学和历史数据层面来看，长期标的的运行最终都会围绕均线波动，都有向均线回归的动力和趋势。所以，可以在标的低于均线时多买，高于均线时少买或不买。

因为基金定投以长期持有策略为主，而非获取短期波动收益，因此，在均线定投法中通常选择长期均线为参数，常以 250 日均线或 500 日均线这样的年均线作为参考指标。

实例分析

智慧定投均线模式

均线定投模式比较简单，这里仍然以蚂蚁财富的慧定投为例进行具体介绍。均线定投主要包括以下几个步骤。

第一步，投资者选择目标定投基金。

第二步，在定投模式中选择均线模式，选择比较基准均线，如 250 日均线。

第三步，设置定投日期和定投金额。

均线定投模式下的实际扣款参考指数的收盘价和历史均值，并动态调整扣款率，高于均线少扣，低于均线多扣，具体扣款公式为：实际扣款金额 =基础定投金额 × 当期扣款率。

以 250 日均线为例进行说明，图 2-2 所示为 T-1 日指数收盘价高于参考均线。

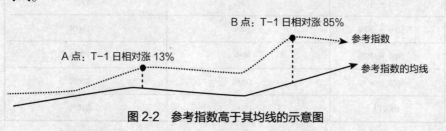

图 2-2　参考指数高于其均线的示意图

在上述情形下，均线定投模式下的实际扣款率见表 2-3。

表 2-3　实际扣款率表

T-1 指数收盘价高于均线	实际扣款率
0 ~ 15%	90%
15% ~ 50%	80%
50% ~ 100%	70%
100% 以上	60%

结合图 2-2 来看，如果投资者的基础定投金额为 1 000.00 元，则在 A 点位置 T-1 日相对涨 13%，当期实际扣款金额为：1 000.00×90%=900.00 元；在 B 点位置 T-1 日相对涨 85%，当期实际扣款金额为：1 000.00×70%=700.00（元）。

图 2-3 所示为 T-1 日指数收盘价低于参考均线。

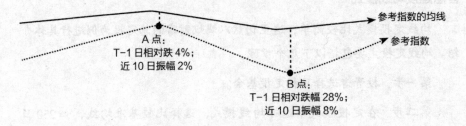

A 点：
T-1 日相对跌 4%；
近 10 日振幅 2%

B 点：
T-1 日相对跌幅 28%；
近 10 日振幅 8%

参考指数的均线

参考指数

图 2-3　参考指数低于其均线的示意图

在上述情形下，均线定投模式下的实际扣款率见表 2-4。

表 2-4　实际扣款率表

T-1 日指数收盘价低于均线	近 10 日振幅 > 5%实际扣款率	近 10 日振幅 ≤ 5%实际扣款率
0 ~ 5%	60%	160%
5% ~ 10%	70%	170%
10% ~ 20%	80%	180%
20% ~ 30%	90%	190%
30% ~ 40%	100%	200%
40% 以上	110%	210%

如果投资者的基础定投金额为 1 000.00 元，则在 A 点位置 T-1 日相对跌 4%，近 10 日振幅为 2%，当期实际扣款金额为：1 000.00×160%=1 600.00 元；在 B 点位置 T-1 日相对跌 28%，近 10 日振幅为 8%，当期实际扣款金额为：1 000.00×90%=900.00（元）。

根据上述例子，我们能够快速理解均线定投的基本逻辑，即低于"均值"便多投，高于"均值"便少投，相较于普通定投来说，均线定投法能够使投资者积累更多的廉价筹码，一旦市场回归均值时便能比普通定投获得更高的收益回报。

2.2.3 平均成本定投法

平均成本定投法是一种根据个人持仓成本情况来决定投入金额的定投方式。如果基金单位净值小于单位平均持仓成本，并超过一定幅度，则市场处于相对低点，可加大定投金额；如果基金单位净值大于单位平均持仓成本，并超过一定幅度，则市场处于相对高点，可减少定投金额。

平均成本定投法的关键在于，无须看基金估值高低，也不用参考均线，只根据个人账户的盈亏情况操作。

在平均成本定投法中，决定每期定投金额的关键在于扣款前一日（T−1 日）的基金净值和平均成本的差距，即偏离度，其计算公式如下。

偏离度 =（基金净值 − 定投平均成本）÷ 定投平均成本

这样一来，只要当投资者退出时的基金净值大于定投的平均持仓成本，此番基金定投便可成功获利。

下面以一个具体的例子进行说明。

实例分析

智慧定投平均成本模式

某平台基金定投策略中的平均成本模式为：通过定投基金的最新净值和已买入该基金的平均成本来判断相对的高低点，从而实现低价位加大买进、高价位低量买进的目标。每期基金定投的实际扣款率见表 2-5。

表 2-5　实际扣款率表

T−1 日基金净值与平均成本的偏离度	实际扣款率
（− ∞，−10%]	150%
（−10%，−5%]	120%

续表

T-1日基金净值与平均成本的偏离度	实际扣款率
（-5%，5%]	100%
（5%，10%]	80%
（10%，+∞）	60%

表中"（""，"表示开区间，"]"表示闭区间。假设某投资者第一次定投时基金净值为1.500元，基础定投金额为1 000.00元。第二次定投扣款日期前一日基金净值为1.573元，那么，该投资者第二期定投金额如下。

偏离度=（1.573-1.500）÷1.500≈4.9%

当期实际扣款金额=1 000.00×100%=1 000.00（元）

经过第二次定投之后，平均持仓成本为1.537元。

第三次定投扣款日期前一日基金净值为1.462元，那么，该投资者第三期定投金额如下。

偏离度=（1.462-1.537）÷1.537≈-4.9%

当期实际扣款金额=1 000.00×120%=1 200.00（元）

从上述案例可以看到，平均成本定投法的关键在于基金的持仓成本呈动态变化，适合主动型的基金净值波动变化较大的基金，如果基金净值波动较小，那么定投摊薄成本的效果并不明显。

平均成本定投法操作比较简单，核心理论也比较容易理解，即根据自己的实际投资盈亏程度来做投资，不必过多考虑市场波动变化。但是，正是因为这种简单的、以个人账户变化做投资的思维模式，使得个人的投资策略容易与整个市场的波动变化脱离，进而失去方向。

而且这种方法是把已投入部分的平均成本作为判断目前市场高低情况的标准，但是这种比较方式并不科学。如果在入场时刚好市场处于一个较低位置，之后的定投标的最新的价格都可能高于持仓成本，那么投资者则很难实现低位加大买进的目标，进而错失很多的低位机会。

2.2.4　价值平均定投策略

价值平均定投策略是一种比较新颖的定投模式，也是一种广受欢迎的定投模式。

普通定投总是每月投入固定金额，但价值平均定投却将角度转变为"每月基金市值固定增加多少"，并在此基础上决定每月应该投入多少投资金额，这是价值平均定投策略最大的特点。

在价值平均定投策略中，如果基金净值上涨，投资者则减少定投金额；如果基金净值下跌，投资者则增加定投金额，从而实现"低买高卖"。

价值平均定投策略的关键在于以下几点。

①确定每次定投的价值增长目标。

②确定定投的频率，并根据目标价值的变化情况，计算投入金额或卖出的基金份额，使基金总价值达到在这个时间点应达到的数值目标。

③价格增长使得投资总量低于市值，相差部分即为超额收益。

下面以一个具体的例子来说明这种定投方式。

实例分析

智慧定投价值平均模式

假设某只基金的基金净值变化情况如下。

1 月 1 日为 1.00 元、2 月 1 日为 0.80 元、3 月 1 日为 0.90 元、4 月 1 日为 1.20 元、5 月 1 日为 1.40 元。如果投资者采用价值平均定投策略进行每月定投，且确定每月定投的价值增长目标为 1 000.00 元（即基金市值每月固定增加 1 000.00 元），那么该投资者每月定投的情况见表 2-6。

表 2-6　投资者每月定投的情况

时　间	基金净值（元）	目标价值	已有市值（元）	买入金额（元）	买入份额	累计份额
1 月 1 日	1.00	1 000.00	0.00	1 000.00	1 000	1 000

时　间	基金净值（元）	目标价值	已有市值（元）	买入金额（元）	买入份额	累计份额
2月1日	0.80	2 000.00	800.00	1 200.00	1 500	2 500
3月1日	0.90	3 000.00	2 250.00	750.00	833.33	3 333.33
4月1日	1.20	4 000.00	4 000.00	0.00	0	3 333.33
5月1日	1.40	5 000.00	4 666.66	333.34	238.1	3 571.43

具体的计算方法如下（不考虑费率，计算时四舍五入）。

1月：基金净值为1.00元，目标价值为1 000.00元，已有市值为0.00元（因为1月之前没有买入，没有持有基金份额），所以买入金额为1 000.00元，买入份额为1 000份（1 000.00÷1.00），累计份额为1 000份。

2月：基金净值下跌为0.80元，此时投资者手中已持有的基金市值变为800.00元（0.80×1 000），为了保障目标市值1 000.00元的增长，所以应买入金额为1 200.00元（2 000.00-800.00），买入份额为1 500份（1 200.00÷0.80），投资者累计持有基金份额为2 500份（1 000+1 500）。

3月：基金净值上涨为0.90元，此时投资者手中已持有的基金市值变为2 250.00元（0.90×2 500），为了保障目标市值1 000.00元的增长，所以应买入金额为750.00元（3 000.00-2 250.00），买入份额为833.33份（750÷0.90），投资者累计持有基金份额为3 333.33份（1 000+1 500+833.33）。

4月：基金净值上涨为1.20元，此时投资者手中已持有的基金市值变为4 000.00元（1.20×3 333.33），该月保障目标市值1 000.00元的增长，就需要目标市值为4 000.00元，两者一致，所以不用买入，继续持有原有基金份额。

5月：基金净值上涨为1.40元，此时投资者手中已持有的基金市值变为4 666.66元（1.40×3 333.33），为了保障目标市值1 000.00元的增长，所以应买入金额333.34元（5 000.00-4 666.66），买入份额为238.1份（333.34÷1.40），累计持有基金份额为：1 000+1 500+833.33+238.1=3 571.43。

从上述计算情况可以看到，想要保证基金市值保持1 000.00元的稳定增长，投资者需要根据基金净值的涨跌变化情况来调整买入基金的金额，在基金净值上涨时少买，在基金净值下跌时多买。

总的来看，采用价值平均定投策略，可以在基金价格低廉时买入更多的基金份额，而在价格高昂时只需要少买或者不买，甚至还可能实现高位退出，收益率也更高。

但是，对于这种定投方式，很多投资者可能会觉得每期定投之前还需要计算定投金额非常麻烦，其实不是，现在很多基金平台也推出了这种价值定投模式，投资者只需要简单几步操作便可轻松实现价值平均定投。例如蛋卷基金平台的智能定投采用的便是这种定投模式，它提供了两种智能定投模式。图 2-4 所示为“上涨少投，下跌多投”和“上涨定额，下跌多投”定投模式。

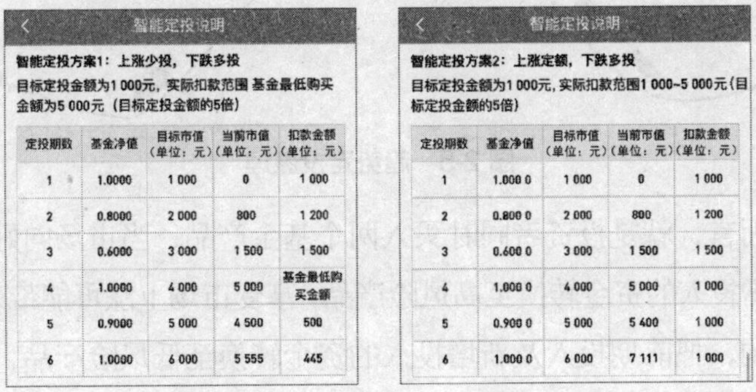
智能定投说明

智能定投方案1：上涨少投，下跌多投

目标定投金额为1 000元，实际扣款范围 基金最低购买金额为5 000元（目标定投金额的5倍）

定投期数	基金净值	目标市值（单位：元）	当前市值（单位：元）	扣款金额（单位：元）
1	1.0000	1 000	0	1 000
2	0.8000	2 000	800	1 200
3	0.6000	3 000	1 500	1 500
4	1.0000	4 000	5 000	基金最低购买金额
5	0.9000	5 000	4 500	500
6	1.0000	6 000	5 555	445

智能定投说明

智能定投方案2：上涨定额，下跌多投

目标定投金额为1 000元，实际扣款范围1 000~5 000元（目标定投金额的5倍）

定投期数	基金净值	目标市值（单位：元）	当前市值（单位：元）	扣款金额（单位：元）
1	1.000 0	1 000	0	1 000
2	0.800 0	2 000	800	1 200
3	0.600 0	3 000	1 500	1 500
4	1.000 0	4 000	5 000	1 000
5	0.900 0	5 000	5 400	1 000
6	1.000 0	6 000	7 111	1 000

图 2-4　蛋卷基金平台价值平均定投模式

从图 2-4 中可以看到，上述两种定投方案采用的都是价值平均定投模式，确保每期目标市值按照“1 000”稳定增加，并根据基金净值变化情况来调整当次投入的金额。在基金净值下跌时多投入，在基金净值上涨时少投入或者是定额投入，并不需要投资者多做计算便可以轻松完成定投，非常适合上班族或是新手投资者。

2.2.5　趋势定投策略法

投资市场中流行着一句话叫“顺势而为”，这里的“势”指的便是趋势，即市场的发展方向。在前面的定投模式中主要介绍的是依据基金投资额度的变化来进行定投，即根据不同策略来实现低位多买和高位少买，这里将介绍一种更为流行的定投方式，即趋势定投策略。

趋势定投是一种根据市场趋势变化来进行基金定投的方法，即判断当前市场行情的趋势情况，并顺应市场趋势做出对应的投资决策。如果市场趋势向上，则增大定投金额，享受上涨行情带来的收益；如果市场趋势向下，则将前期投入以及新增投入金额都转入低风险产品中，以保证前期收益不缩水。图 2-5 所示为趋势定投原理。

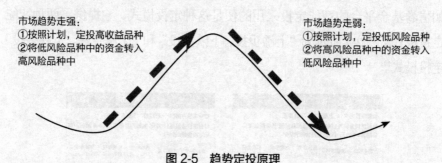

图 2-5　趋势定投原理

简单而言，就是投资者同时买入两个基金产品，当市场向好，把前期投入及新增投入的资金转换至高风险产品，享受市场上涨可能带来的收益；当市场转弱，把前期投入及新增投入的资金转换至低风险产品，锁定收益不缩水。这样一来，便能实现"市场上涨，同步享受定投增值收益；市场下跌，锁定已有定投收益不缩水"的双重效果。图 2-6 所示为趋势定投示意图。

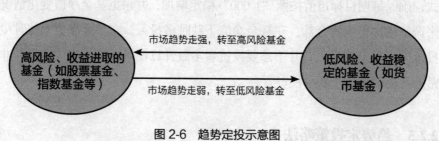

图 2-6　趋势定投示意图

从示意图中可以看到，趋势定投是一种定期定额投资，每期定投金额不变，只是根据当月市场趋势走向来做高风险基金和低风险基金转换，以实现在不改变投资金额的同时提高投资收益。

从趋势定投的方法中可以看到，投资者明确如何判断当前的市场趋势才是投资关键。基金净值处于波动变化中，存在上升趋势、水平趋势和下降趋势，如果投资者不能准确判断趋势，自然无法做好趋势定投操作。

基金平台推出的趋势定投往往会根据投资者设定的标的指数和均线系统来判断市场趋势。

①当标的指数的短期均线连续向下突破中期均线，且中期均线同样连续向下突破长期均线时，即短期均线＜中期均线＜长期均线，系统判断此时市场为"熊市"状态。

②当标的指数的短期均线连续向上突破中期均线，且中期均线同样连续向上突破长期均线时，即短期均线＞中期均线＞长期均线，系统判断此时市场为"牛市"状态。

③当定投首次扣款时，标的指数的趋势特征没有明确显示"牛熊市"，即"非牛非熊"状态，定投过程需经历"牛市"状态后，再进入"熊市"状态，才将存量资金进行转换。

在完成趋势判断之后，还需要选择基金，从示意图中可以看到，趋势定投需要选择至少 2 只基金，其中 1 只为高风险基金，1 只为低风险基金。高风险基金可以选择股票基金、指数基金和混合基金，低风险基金则可以选择货币基金和债券基金。

接着选择指数，应该选择和高风险基金相关性高的指数，例如沪深300、中证 100 和中证 500 等。总的来说，主要从以下几点来进行考虑。

①如果选择的基金产品投资覆盖大盘，涉及范围广泛，则选择沪深300 指数。

②如果选择的基金主要投资高成长的中小企业，则可以选择中证 500 指数。

③如果选择的基金主要投资优质蓝筹股，可以选择上证 50 指数。

④如果选择的基金主要投资稳定的大公司，可以选择中证 100 指数。

最后还要选择均线，包括短期均线、中期均线和长期均线三条。注意，选定的短期均线不得超过中期均线；中期均线不得超过长期均线，且短期、中期、长期三条均线的周期不能完全相同。

投资者可以根据自己的实际投资需要来进行均线时间周期的设置，但时间周期设置过短，均线反应过于灵敏，容易错过市场行情；如果设置的时间过长，又会反应迟缓，难以准确判断。一般来说，（30 日、90 日、120 日）、（10 日、90 日、120 日）、（20 日、90 日、120 日）这几组均线组合比较常用。

综合来看，趋势定投的优势在于它既能够帮助投资者坚持定投纪律，具备强储蓄的特点，又能通过平台自动帮助投资者判断市场趋势，完成市场趋势转换时的投资策略转变，兼顾进攻与防守，追求高收益的同时实现自动保卫收益。

2.3 学会定投止盈方法让收益落袋

虽然基金定投的投资期限比较长，通常在一年以上，三至五年比较常见，但是长期坚持定投只是投资的第一步，想要真正获取收益关键是要卖得好，即准确把握卖出时机。这时候投资者就需要掌握止盈技巧。

2.3.1 目标收益率止盈

目标收益率止盈可以说是一种最为简单的止盈方法，它是指投资者在投资之初便预先设置一个收益目标，一旦基金定投的收益率达到目标便立即止盈卖出基金份额。

　　在目标收益率止盈中最为重要的就是——目标收益设定。一方面，不能将目标设置得过高，否则可能无法达到目标。另一方面，也不能设定得过低，否则很容易达到目标而过早止盈，进而错失更多的投资良机。具体可以从以下几点去考虑。

　　市场行情。如果投资者比较看好该基金的未来市场行情，对基金的后市走势保持积极的心态，那么可以适当调高收益率目标。

　　定投标的。从定投的目标基金种类来考虑，如果投资的目标基金属于风险较高的产品，那么可以适当调高收益率目标。

　　自身风险承受能力。如果投资者自身风险承受能力较高，且定投的期限较长，则收益率目标可以适当调高。但如果投资者自身风险承受能力较低，且定投期限较短，则可以调低目标收益率。

　　除此之外，投资者还可以参考最低收益率法来大概估算自己的目标收益率。最低收益率法是指如果投资者没有将定投的钱用于定投，而是做普通理财产品投资，例如储蓄，最终能够获得多少收益，便以此作为最低的基金定投收益率目标，计算公式如下：

最低目标收益率 =（1+ 通货膨胀率 + 理财产品的年化收益率）^ 定投年限 -1

　　例如，理财产品年化收益率为 5%，通货膨胀率为 3%，那么定投 5 年的最低目标收益率为：（1+3%+5%）^{5}−1=46.93%。

　　在实际的投资中，目标收益率设置往往比较难，很难真正地设定出一个理想化的收益率。为了解决这一问题，可以采取目标收益率分批止盈法，既能避免前期收益落空，也能避免错失后市基金可能继续上涨带来的收益。

　　收益率分批止盈法是指假设投资者设定的目标收益率为 30% ~ 40%，当收益率达到 30% 时，即卖出 50% 的基金份额，落袋前期收益，如果基金继续上涨达到 40%，则可以再卖出剩余份额的 50% 份额，确保最高收益率。如果市场继续上涨，就可以把余下的份额全部卖出了，最后卖出的这一批，即投资者所获取的超额收益。这种止盈方法，既保证了最低收益和最高收益，同时在分批次卖出的过程中，也避免了在基金继续上涨的过程中踏空。

需要注意的是，在目标收益率分批止盈中，分批的比例不是绝对的，投资者可以根据实际需要进行调整，可以像上述例子一样划分，也可以是3∶3∶4或者是5∶3∶2等。

2.3.2　最大回撤止盈

在前面的内容中我们介绍过"最大回撤"，知道它是一个风险指标，指某一周期内基金产品收益率下降幅度的最大值。但是，很多投资者不知道的是，最大回撤也可以用于基金定投止盈中。

最大回撤止盈是指基金净值上涨超过了投资者预先设定的定投目标收益率，基金净值回撤的速率超过回撤阈值的初始设定最大值时，便应该立即做好止盈操作，进而快速锁定前期获得的收益。

我们知道，基金上涨达到预期的止盈收益率目标之后，便会出现两种情况：一是继续上涨；二是拐头下行。如果基金达到目标收益率后便立即拐头下行，投资者在最高位卖出自然能够获得最大化的收益，但是在实际走势中，基金既可能继续向上，也可能拐头向下小幅回调后转而继续向上。如果出现这样的走势，投资者前期在目标收益率位置早早止盈离场，便会损失后期市场行情。此时，投资者便可以设定一个最大回撤率，即基金达到目标收益率后，只要回撤没有超过最大回撤便不止盈，继续持有。图2-7所示为最大回撤止盈示意图。

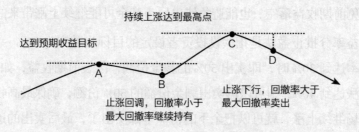

图 2-7　最大回撤止盈示意图

从图 2-7 可以看到，基金净值运行至 A 点时便达到了目标收益率，随后基金止涨回调，运行至 B 点位置止跌回升，因为此时最大回撤率小于目标最大回撤率，所以继续持有。随后基金净值向上攀升，运行至 C 点位置，此时基金净值再次止涨回落，这一次基金净值运行至 D 点位置时便超出最大回撤率，所以投资者此时应立即卖出持有的基金份额，及时离场，锁定前期收益。

虽然投资者损失了从 C 点到 D 点的收益，但是相比直接在 A 点位置卖出，投资者获得了更多上涨行情收益。

在最大回撤止盈中，关键的一点在于最大回撤率的设定，投资者需要注意设定的最大回撤率不宜过大，否则会大幅拉低先前的收益；但也不能设定得过小，否则很容易错过后市的上涨机会。具体可以依据自己的风险承受能力来进行设置，风险承受能力低的投资者可以将最大回撤率设定为 5% 左右，而风险承受能力高的投资者可以将最大回撤率设定在 10% 左右。

2.3.3 基金估值止盈

我们在介绍买入基金的方法时提到过估值买入法，即基金处于低估值状态时积极买入。同样的，在卖出时也可以查看基金的估值情况。如果基金处于高估区，说明当前基金处于高估状态，投资风险较大，投资者应立即卖出。也就是投资市场中流传的那句"低买高卖"。

估值止盈主要针对的是指数基金，具体是将基金当前的估值与历史数值进行对比，了解当前市场的整体估值水平，衡量指数基金是被高估还是被低估了。

通常来说参考的指标有市盈率、市净率，二者低于 20% 时，表示基金处于低估状态；当二者高于 80% 时，表示基金处于高估状态。而且基金估值查询也非常简单，基金销售平台和基金公司官网上都能查看到。

但是，运用估值止盈法需要注意，高估值状态并不等于基金就不会上涨，只是说明基金当前处于一个风险较高的区域。所以，当基金处于高估值区域时，投资者可以梯度止盈，把基金分成多份，分批卖出，这样可以避免止盈线设置得过高或者过低带来的问题。

2.3.4 压力位止盈

基金在什么位置时止盈，可以结合基金走势情况来进行判断。在基金净值走势图中，找到近期的支撑点和压力点，借助支撑点和压力点绘制支撑线和压力线，投资者可以根据支撑线和压力线进行买进、卖出操作，即在支撑位买入建仓，在压力位止盈平仓。

当基金净值运行至压力位附近时，受到上方压力的压制而止涨，可能拐头下行，转入下跌趋势，因此投资者应立即清仓，如图 2-8 所示。

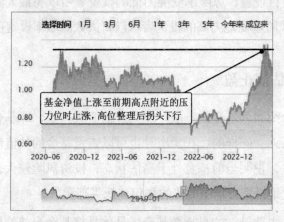

图 2-8 压力位受阻回落

从图 2-8 中可以看到，2022 年 9 月左右，该基金的单位净值从 0.80 元附近开始向上震荡攀升，呈现出不断上涨的牛市行情走势。2023 年 4 月，当基金净值上涨至前期高点 1.30 元附近后受到压力位的压制作用而止涨，并在该价位线附近横盘整理一段时间后拐头下行，开始向下运行。如果投资者能够以压力位作为止盈点，在基金单位净值运行至压力位附近时清仓离场，便可获得不错的投资收益。

但是，投资者要知道，并不是所有的压力位都能让基金受到压力而遇阻回落，这与压力位的压力大小密切相关。如果压力位的压力较小，基金净值向上有效突破了压力位，那么基金净值极有可能继续向上运行创出新高，那么投资者此时便不应在压力位卖出，反而应该适当加仓，如图 2-9 所示。

图 2-9　压力位突破冲高

从图 2-9 中可以看到，在该基金单位净值走势中，1.80 元附近是重要的压力位，该基金多次在该价位线附近受到压力而止涨下行。但是，2023 年 3 月，基金却向上发起冲击且有效突破压力线的压制，运行至压力线上方继续向上。说明该压力线失效，基金后市继续上行，上涨可能性较大，是买入加仓的好机会。

由此可以看到，基金净值波动的压力位是重要技术指标，能够帮助投资者准确判断止盈位置，进而做出合理的卖出或买进决策。想要运用这一方法，投资者需要掌握压力位的相关知识。

压力是指供给比较集中的区域，当价格运行至该区域时，卖方力量将出现。由于这个区域的卖压足够强，所以能阻止价格进一步上升，从而出现拐头下行走势。当价格达到这个区域时，投资者更加乐意卖出，而买方的购入意愿减弱，因此供给大于需求，价格无法继续上涨。

压力位也比较容易找到，当价格上涨到某个价位附近时，价格就停止上涨，甚至有可能回调下跌，这是因为对应的阻力线起到了阻止价格继续上涨的作用，这就是压力位了。如果基金净值经常在某一价位遇阻止涨回落，就说明这一价位的压力较重。

除此之外，投资者还可以利用趋势线来判断压力位。在上升趋势中，连接其中两个或两个以上较为明显的支撑点或低点形成的直线就是上升趋势线；在下跌过程中，连接其中两个或两个以上较为明显的压力点或高点形成的直线就是下降趋势线。利用这种方法，通常可以快速地找到第三个支撑位或压力位，进一步就可以准确判断出止盈位置。

第 3 章

掌握基金组合投资技术使收益增大

基金组合投资实际上是利用"分散投资"的理念将投资资金分散投入到不同的基金中，以达到降低投资风险的目的。简单来说，就是将资金分别投入到不同的几只基金中，避免孤注一掷。但是在选择组合中的基金时，并非随意选择几只，而是需要考虑自己的风险承受能力及基金特性，将不同类型的基金进行组合搭配，这样才能真正意义上实现分散投资。

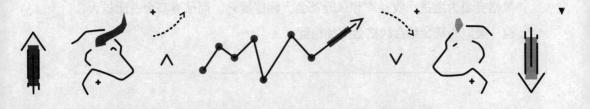

3.1 基金组合的基本搭配原则

基金组合投资的关键在于"组合"二字，基金市场中的基金数量成百上千，基金类型丰富多样，如何从众多的基金产品中选择几只基金搭配成一个科学的、均衡的、风险适当的基金组合是重点。因此，作为投资者需要了解基金组合基本的搭配原则。

3.1.1 有股有债

基金组合讲究"攻守兼备，均衡稳健"，这样才能保持组合平衡，以便抵御市场中风浪的袭击。在基金组合中，有股有债指的是在基金组合中配置股票基金和债券基金，股票基金属于权益性投资，风险较大，潜在收益率更高，而债券基金稳定性较强，风险较低。

如果投资者完全买入股票基金，虽然收益率较高，但本金损失的风险也很大。但如果投资者完全买入纯债基金，虽然风险很小，但同时又失去了收益弹性。此时，如果能够在基金组合中适当搭配股票基金和债券基金，便能够在风险和收益上取得较好的平衡。

一方面，投资者可根据自身的风险偏好，将投资资金按照一定的比例进行划分，一部分投资于股票基金，一部分投资于债券基金。例如，难以接受本金亏损的低风险投资者，可以配置更多的债券基金，而对于有一定收益追求的，且风险承受能力较高的投资者，可以考虑配置更多偏股型基金。

另一方面，投资者可以根据市场估值变化调整股债比例，如果市场整体估值偏低，那么可以适当调高股票基金的仓位比例，降低债券基金的仓位。反之，市场整体估值偏高时则调低股票基金的仓位。

总的来说，在基金组合中，股票基金占比越大，这一类型的基金组合风格会更为激进，收益率和风险都会大幅度提升。而债券基金占比越大，这一类型的基金组合风格会更加稳健。

3.1.2　有大有小

基金组合搭配应有大有小，这里的"大"指的是大盘股，包括大盘价值股和大盘成长股，即选择的基金的投资风格是大盘股；"中"有中盘价值股和中盘成长股；"小"有小盘价值股和小盘成长股。在基金组合配置中有大有小，要求投资者持有的股票型或偏股混合型基金中既有大盘/蓝筹风格的基金，也有小盘/成长风格的基金。

大盘股和中小盘股的搭配，能够适应不同的市场风格。例如，沪深300＋中证500的指数基金组合，相当于投资者投资了A股市场中的800家上市公司，既能够兼顾大盘行情，也能够兼顾中小盘市场行情。从它们的走势情况也能够看到，如图3-1所示。

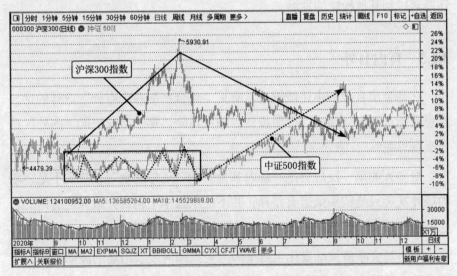

图 3-1　沪深 300 和中证 500 指数 K 线走势图

从图3-1中可以看到，大盘指数和中小盘指数的走势并不是同步的，在2020年9月至2021年2月这段时间内，沪深300指数波动上行，表现强势拉升行情，不断创出新高，而反观中证500指数却在一定区域内横盘窄幅波动运行。

到了2021年3月至9月这一时间段，沪深300指数见顶下跌，表现为弱势行情，反观中证 500 指数此时却筑底成功，转入上升趋势中，不断向上攀升，涨势稳定。

如果投资者在 2020 年 9 月至 2021 年 2 月这一时间段单独投资沪深 300 指数基金，或是在 2021 年 3 月至 9 月这一时间段单独投资中证 500 指数基金，都能获得丰厚的投资回报。但是，市场波谲云诡，投资者无法预估哪一个指数会表现上涨或是下跌。

在这样的前提条件下，为了降低投资风险，可以将资金分别投入大盘股和中小盘股，做到分散投资，这样就不需要猜测风格，无论是大盘股涨得好，还是小盘股涨得好，都可以享受到收益。

此外，投资者还可以在此基础上加上创业板指和科创 50 指数，这样还能兼顾到其他板块的发展。

3.1.3　有内有外

在基金组合投资中还能够常常听见"组合搭配有内有外"这样的话，意思是指通过内外组合，分散投资，降低风险。那么，这里的"内外"是什么意思呢？

很多人的第一反应会是"场内基金"和"场外基金"，其实不是，场内场外基金只是购买渠道有差异，并不能从根本上起到分散风险的目的。这里的内外实际上指的是国内基金投资和海外基金投资。

国内基金净值波动变化主要是因为受到国内股票市场的波动影响，而海外基金品种丰富，种类较多，投资范围遍及全球，更利于分散风险，海外基金投资使得海外基金投资者能够随时从表现不佳的市场中抽身，转而投向能够创造更大收益的市场中去。

海外基金受到海外市场波动变化的影响较大，受到国内市场变化的影响较小，所以，将二者进行组合搭配投资，能够在一定程度上降低投资风险。图 3-2 所示为纳斯达克指数和沪深 300 指数在同一段时间内的表现。

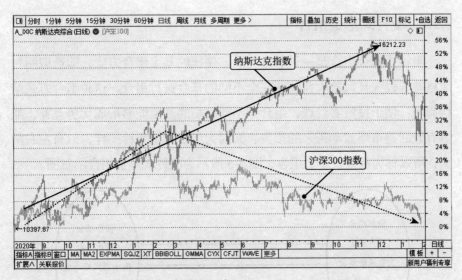

图 3-2　纳斯达克指数和沪深 300 指数走势图

从图 3-2 可以看到，在 2020 年 8 月至 2021 年 2 月这一时间段中，纳斯达克指数和沪深 300 指数都表现出震荡上行的拉升行情，不断向上攀升，创出新高。在 2021 年 2 月后，纳斯达克指数小幅回调整理随后继续向上波动上行，而沪深 300 指数却见顶回落，走势不断向下。这说明海外市场指数与国内指数走势存在较大差异，投资者可以根据这种差异进行组合投资，既能降低投资风险，也能提升投资收益。

3.2　掌握基金组合的经典形式

不同的投资者有不同的基金组合配置策略和风格，尤其是一些经验丰富的投资者，他们熟知自己的风险承受能力与基金组合的搭配方式，总是能够配置出适合自己的基金组合。但是对于一般的投资者，或者是新手投资者，要做到这样则比较困难，此时，便可以借鉴经典的基金组合模式，搭配出均衡、科学、稳定的基金组合。

3.2.1　哑铃式基金组合

　　哑铃式基金组合是一种非常灵活、便捷的基金组合方式，即选取两种风格差异较大且风险收益特征完全不同的基金进行组合。这种组合方式结构简单，便于投资者管理，组合中不同类型的基金能够形成优势互补，能够有效回避市场波动带来的损失。又因为组合就像哑铃一样，只有左右两头，所以称为哑铃式基金组合，图 3-3 所示为哑铃式基金组合示意图。

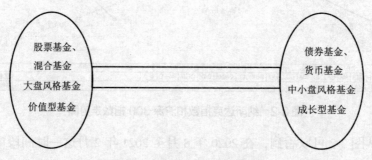

股票基金、
混合基金
大盘风格基金
价值型基金

债券基金、
货币基金
中小盘风格基金
成长型基金

图 3-3　哑铃式基金组合示意图

　　从图 3-3 可以看到，哑铃式基金组合就是将两种关联性非常低的基金进行组合搭配，这样能够有效应对板块轮动，而且组合简单，很适合刚入门且投资经验并不丰富的投资者。

实例分析

××领先成长混合基金和 ×× 价值精选股票基金

　　××领先成长混合基金为混合型股票基金，投资风格为成长型，该基金投资目标致力于挖掘快速成长的行业，并投资于其中领先成长的企业，在严格控制风险的前提下，力争为基金持有人获取长期、持续的超额收益。并且基金重点投资于快速成长行业中的领先成长企业，力争获得双重超额收益。

　　而 ×× 价值精选股票基金为股票型基金，投资风格为价值型，基金投资目标为在适度控制风险并保持良好流动性的前提下，精选具备估值优势及良好基本面的上市公司，力争实现超额收益与长期资本增值。

　　两只基金在投资风格上属于不同类型，将两只基金进行收益比较，见表 3-1。

表 3-1　收益比较

项　目	×× 领先成长混合基金	×× 价值精选股票基金
成立时间	2011-05-31	2012-04-16
2023 年以来	8.45%	3.34%
近 1 周	−0.81%	1.42%
近 1 月	4.26%	2.61%
近 3 月	5.51%	−0.39%
近 6 月	13.63%	0.10%
近 1 年	12.73%	2.58%
近 2 年	−11.90%	15.36%
近 3 年	36.89%	88.09%
近 5 年	20.22%	136.06%
成立以来	216.16%	206.40%

　　从两只基金的业绩表现来看，两只基金虽然投资风格完全不同，但是整体表现优异。其中，×× 领先成长混合基金业绩表现波动变化更大，而 ×× 价值精选股票基金业绩表现更为平稳。

　　再比较两只基金的资产配置情况，见表 3-2。

表 3-2　资产配置比较

项　目	×× 领先成长混合基金	×× 价值精选股票基金
份额规模（亿份）	2.06	0.85
股票占净比	90.23%	87.27%
债券占净比	—	0.07%
份额规模（亿份）	2.06	0.85

项　目	××领先成长混合基金	××价值精选股票基金
现金占净比	10.00%	7.62%
前十股持仓集中度	52.08%	31.80%

从资产情况来看，××领先成长混合基金投资更为激进，一是股票占比更多，二是前十股持仓集中度更高，这样投资风险更大。而××价值精选股票基金前十股持仓集中度为31.80%，投资更为分散，风险更小。

再来查看基金的行业配置比较，见表3-3。

表3-3　行业配置比较

行　业	××领先成长混合基金	××价值精选股票基金
制造业	41.76%	71.11%
金融业	—	1.33%
房地产业	—	0.39%
信息技术业	28.75%	3.35%
农林牧渔业	—	2.38%
采掘业	—	2.24%
批发零售业	—	0.30%
交通运输业	4.70%	0.02%
建筑业	—	0.30%
社会服务业	—	0.31%

从表3-3的内容可以看到，××领先成长混合基金的投资行业更为集中，主要投资制造业和信息技术业，然后再另外配置了交通运输业。而××价值精选股票基金则不同，它投资的行业范围更为广泛，涉及行业众多，其中主要投资于制造业，且占比达71.11%，然后配置了金融业、房地产业、信息技术业、农林牧渔业、采掘业等。

最后查看两只基金的业绩走势，如图 3-4 所示。

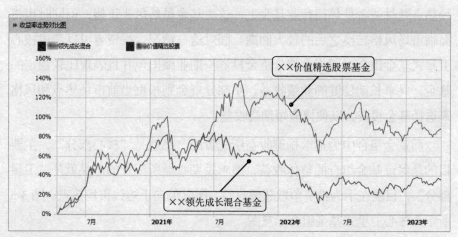

图 3-4　两只基金业绩走势对比

从图 3-4 中可以看到，在两只基金的业绩走势中，前期两只基金存在重叠，走势一致，说明基金受到市场波动影响较大。但是，到 2021 年 7 月时，两只基金走势出现明显的差异，×× 价值精选股票基金向上继续攀升，而×× 领先成长混合基金却拐头下行。

综上所述，两只基金在投资风格、投资理念、资产配置、行业配置及投资决策上面存在较大差异，彼此相关联的程度较低，将两者以哑铃式的搭配方式进行组合投资，能够起到优势互补的作用。

当市场风险较大时，可以用 ×× 价值精选股票的稳健投资进行兜底。当市场整体处于稳定或向上时，×× 领先成长混合基金激进式的投资则能够带来更为丰厚的投资回报。因此，哑铃式基金组合的关键在于互补性。

3.2.2　核心卫星式基金组合

在基金理财投资中，投资者总是既期望基金能够提供长期稳健的回报，又能够在短期表现优异。但是，两者往往不能同时兼备，虽然绝大部分的权益基金都能够提供长期稳健的业绩回报，但是基金的短期业绩表现却与市场风格息息相关。

对于投资者来说，如果追求短期业绩表现就需要将资金全部押注在市场热点题材或者是热门行业基金上，这类基金虽然风头正盛，但同时也将面临市场风格转换之后的较大回撤。面对这一情况，投资者可以考虑核心卫星式基金组合，即将大部分资金投资长期业绩出色并且表现比较稳定的基金，寻求长期稳健的业绩收益，小部分资金则根据当前市场热点和风格来选择基金投资，以便博取短期高收益。

而基金组合中为追求稳健收益所配置的产品就是"核心部分"，主要目的是保证基金组合的整体收益，追求短期收益所配置的产品就是"卫星部分"，目的在于为投资争取超额收益，所以偏向于短线市场热点。图 3-5 所示为核心卫星式基金组合示意图。

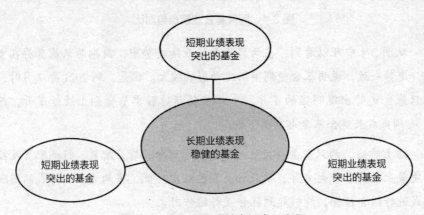

图 3-5　核心卫星式基金组合示意图

核心卫星式基金组合并不复杂，也特别容易理解，但是很多投资者在真正落实过程中却感觉比较困难，这是因为许多投资者在核心卫星式基金组合组建过程中出现了一系列失误，即没有正确选择核心基金、卫星基金或者是配置的基金比例不合适，使得配置而成的核心卫星式基金组合并不能起到作用。

（1）"核心"与"卫星"的比例配置

投资者在利用核心卫星基金组合模式时第一步需要确定核心部分与卫星部分的资金比例，具体的资金比例可以根据自身的风险承受能力进行调整。但是一般来说，用于投资"卫星"基金的资金不要超过总资金的40%，这样才能有效地保证基金组合收益和风险的平衡。

其中，风格较为激进的投资者可以调高卫星部分资金的配置比例，将其设置为40%；而风格稳健的投资者可以将绝大部分的资金投资于核心基金，卫星基金比例为10%或20%。

（2）确定核心基金

配置核心基金的目的在于追求长期稳健收益，所以，选择的基金应该是风格均衡且历史业绩表现稳定优异，能够战胜大盘的基金。因此，在选择核心基金时可以优先选择下列基金。

◆ 宽基指数基金

宽基指数基金的覆盖面比较广泛，具有代表性，且其中成分股数量较多，单只股票权重偏低，投资目标更为广泛，可以避免将鸡蛋放入一个篮子里，进而降低投资风险。

◆ 均衡风格基金

从基金的投资风格上来看，均衡风格的基金兼顾了成长型基金和价值型基金，既不会过度集中在某一特定行业，也不会盲目追捕行业风口，而是对行业进行均衡配置，并且通过对行业内各个公司的深度研究自下而上精选个股。这样的投资风格更为稳健，也更适合作为核心基金。

◆ 回撤小的基金

回撤小则意味着风控能力强，基金净值波动平稳，反之，回撤大往往难以回本，因此，回撤小的基金更适合做核心基金投资。注意并不是回撤越小越好，波动小则意味着收益很平稳，风险很低，但这类基金的收益率普遍较低，例如货币基金、债券基金。所以，在核心基金选择中应该选择回撤相对较小的主动型基金，这样说明该基金风控能力强，整体表现稳定，业绩平稳。

（3）确定卫星基金

卫星基金的选择策略则与核心基金完全不同，卫星基金是用来追求短期业绩爆发，承受风险博取高收益的基金，所以在配置时可以选择一些风格纯粹、投资标的集中、波动率较大、行业集中的主题型基金，或者是一些热门的进取型基金。具体的基金选择方向如下。

①行业主动型基金或行业指数基金。

②热门题材或主题型基金。

③重仓小盘股票基金或者持仓相对集中的行业基金。

④科技行业和周期类行业等相关行业，相对配置比重较大的基金。

⑤持仓股票数量较少、集中度较高的基金。

在选择好基金之后，还需要注意在基金组合中保持"弱相关性"，这是资产配置的重要前提，不管是核心基金和卫星基金之间，还是核心基金之间，又或是卫星基金之间，在基金产品的选择搭配上都要尽可能选择相关性较低的产品。这样才能够提高基金组合的风险对抗能力，使组合更稳定。

总的来说，核心卫星式基金组合是一种集合"防御"与"进攻"理念的投资模型，以核心作为基金组合的根本，起到稳定组合的目的，以卫星作为搏击的利器，追求高收益。这样的组合方式既能够跟上市场的风格变化，又能够沉着应对未知风险，表现出牛市不弱，熊市少跌的特征。

3.2.3 金字塔式基金组合

金字塔式基金组合是指根据不同基金类型的风险程度的不同，对其进行资产配置，以达到获取最佳收益的目的。金字塔式基金组合将投资分为了底部、腰部和顶部三个部分。底部是金字塔的基底，主要配置稳健的、低风险的、安全性强的基金类型，例如债券基金、货币基金，以避免基金组合的坍塌；腰部则配置能够充分分享市场收益、风险适中的基金，以确保基金收益的稳健增长，例如沪深 300、上证 50 指数基金，或者是价值型基金、灵活配置型基金等；而顶端是为组合谋取高收益的基金，所以投资对象为一些高风险基金，例如创业板基金、中证 500 指数基金或者是成长风格基金。

资金的资产配置从下到上依次减少，因为形似金字塔，所以被称为金字塔式基金组合，图 3-6 所示为金字塔式基金组合示意图。

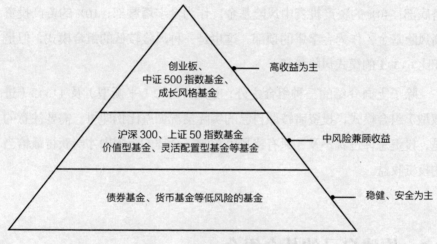

图 3-6　金字塔式基金组合示意图

在金字塔式基金组合中，金字塔的尖顶有多高，底部有多长，需要根据投资者的风险承受能力和资金情况来决定。比较常见的有以下几种比例。

◆ 5∶3∶2

5∶3∶2 这种金字塔模式是指以 50% 的资产投资低风险基金，作为金字塔底部；30% 的资产投资中风险基金，作为金字塔腰部；20% 的资产投资高风险基金，作为金字塔的顶部。这是一种比较稳健的组合模式，在实际投资中应用也比较广泛，特点是收益稳健，风险适中，比较适合绝大多数追求收益稳健增长的投资者。

◆ 6:3:1

6:3:1 这种金字塔模式是指以 60% 的资产投资低风险基金，作为金字塔底部；30% 的资产投资中风险基金，作为金字塔腰部；10% 的资产投资高风险基金，作为金字塔的顶部。这是一种风险性较低，安全性较高的组合模式，比较适合厌恶风险，渴望保守收益的投资者。

◆ 5:4:1

5:4:1 这种金字塔模式是指以 50% 的资产投资低风险基金，作为金字塔底部；40% 的资产投资中风险基金，作为金字塔腰部；10% 的资产投资高风险基金，作为金字塔的顶部。这也是一种风险较低的组合模式，但是相比 6:3:1 的模式风险稍高。

除了上面介绍的三种组合之外，还有 4:4:2（平衡型）及 4:3:3（进取型）组合模式，投资者按照自己的实际情况调整比例即可。需要注意的是，投资忌讳过犹不及，只有将风险控制在合理的范围内才能获得最恰当的投资收益。

3.3 构建自己的基金组合

在了解了基金组合原则和基金组合基本模式之后，投资者还需要掌握构建基金组合的方法。但是，想要搭建一个适合自己的、科学的、合理的基金组合并非易事，尤其是对新手投资者而言，更是如此。下面就来看看应该怎么去做。

3.3.1 评估自己的风险收益偏好

在前面的内容中多次提及要结合自己的风险承受能力选择基金、基金组合及资金配置比例，可以说，所有的投资都是建立在个人的风险收益偏好基础上的。保守型的投资者并不适合高风险的基金组合。同样的，高收益偏好者也不适合低风险低收益的投资方式。因此，在配置基金组合之前需要对自己的风险收益偏好进行评估。

通常情况下，投资者的风险收益类型包括五类，具体见表 3-4。

表 3-4 投资者风险类型

类 型	描 述
保守型	无法接受任何的本金损失，风险承受能力较低，对收益要求不高
稳健型	可以接受小幅度的短暂本金亏损，无法忍受长时间本金亏损，投资收益能够达到增值效果即可
平衡型	能够接受一定程度内（10% 以内）本金亏损，同时希望能够获得不错的投资回报
进取型	可以接受超出 10% 以上的本金亏损，且在本金亏损时能够保持冷静理智分析，希望能够出现超额收益
激进型	可以接受较大幅度的本金亏损，对投资收益要求较高

投资者不清楚自己风险能力情况的，可以在一些理财投资网站、基金销售平台及银行投资中进行风险评估测验，便能快速评估出自己的风险承受能力。

3.3.2 明确每种基金的风险与特征

想要利用基金搭建稳定、合理的基金组合，就需要对每一种基金的风险与特征进行仔细了解，才能明确不同的基金在基金组合中能够起到什么样的作用。

从基金的投资对象来对其进行划分，可以分为股票基金、债券基金、混合基金和货币基金等。

同时，不同类型的基金中，由于具体的投资方向、投资对象以及投资策略不同，对应的投资风险也不同。各种类型基金的风险情况见表 3-5。

表 3-5　各种类型基金的风险情况

基金类型	细分类型	备　注	风　险
货币基金	普通货币基金	—	低风险
	特殊货币基金	如场内货币、货币 ETF	
债券基金	理财债券	—	中低风险
	纯债及一级债券	—	
	二级债券	—	
	特殊债券	如 QDLL、FOF、ETF	
	可转债基金	—	
混合基金	偏债及灵活配置	—	中风险
	平衡混合	—	
	偏股混合	—	
	特殊混合	如 QDLL、FOF 等	
股票基金	主动型股票	—	中高风险
	指数及 ETF 联接	—	
	特殊股票	如 QDLL、普通 ETF、FOF 等	
其他类型	股票基金分级 B 份额	—	高风险
	可转债基金分级 B 份额	—	
	特殊基金	如跨境 ETF、商品 ETF 等	

　　从表 3-5 中的内容可以看到，不同类型的基金产品其风险差异较大，且影响风险的因素也不同。例如，股票基金和偏股混合基金风险主要来自股票市场的股价波动，而债券基金的净值波动主要受到持仓债券价格波动的影响。这些资产价格的短期波动有可能导致净值下跌，使得投资者可能出现短期亏损情况，所以，投资者在选择基金产品进行组合配置时，需知悉基金产品的风险等级，才能做好相应的组合搭配。

3.3.3 确定每类基金的投资比例

明确了各种类型的收益特点和风险等级之后，投资者可以依据自己的风险承受能力确定组合中每一种基金的投资比例。此时，根据不同基金的收益特点，可以将基金简单地划分为三种类型，包括固收类、稳健类及高成长性。

①固收类基金主要是指货币基金和纯债基金，这类型基金风险较低，收益稳定。

②稳健类基金主要是指具有一定风险，但抗跌能力较强的基金，这一类型基金在承受一定风险的同时，业绩能够出现比较稳定的增长，例如混合基金。

③高成长性基金主要是针对股票持仓很重的基金，以股票基金为例，这类基金以业绩增长为目标，风险较大。

然后按照这三种类型，根据投资者的不同风险偏好，可以进一步确定每种类型的基金占整个组合的比例，这里为不同投资者给出的比例分配建议见表 3-6。（注意表 3-6 中建议的比例仅供参考，具体可结合实际调整）

表 3-6 不同风险偏好投资者的资产比例配置

名 称	固 收 类	稳 健 类	高成长性	组合特点
保守型	40% ~ 60%	40% ~ 60%	0	投资组合风险低，本金亏损可能性较小，但收益率较低，通常年化收益率在 3% ~ 4%
稳健型	0 ~ 40%	60% ~ 80%	0 ~ 20%	风险中等偏低，短期可能出现小幅波动，但长期风险较低
平衡型	0 ~ 20%	60% ~ 80%	20%	风险中等，短期可能出现不小波动，但长期来看风险并不高
进取型	10% ~ 30%	40% ~ 50%	20% ~ 50%	风险偏高，短期波动较大，固收类基金投资的目的在于调节仓位，而不是投资收益

名　　称	固 收 类	稳 健 类	高成长性	组合特点
激进型	0～70%	0	30%～100%	风险很高，收益率波动幅度大。根据市场波动情况调整仓位，决定高成长性仓位的高低，固收类基金投资的目的在于调节仓位

有的投资者会存在疑问，为什么要确定每种类型基金的投资比例，直接确定每只基金的投资比例不就可以了吗？为什么要多此一举呢？要知道，做基金组合目的在于组合平衡，每一种类型的基金都要根据其风险特征发挥效果，对于有的基金，配置的目的在于进攻寻求高回报，有的则是用于积极抵御风险。

但是，在实际投资过程中，市场永远处于波动变化之中，即便我们确定好投资比例进入市场，随着市场波动变化之后的基金组合比例很容易发生变化，可能高风险性基金随着一波上涨，占比加大，又或者随着一波下跌占比急剧减少。这时候的基金组合可能已经不再适合投资者了，超出预期的风险承受能力，需要对组合进行调整。这时候投资者就可以根据当初定下的比例做出调整，让组合始终保持"相对稳定地增长"。

3.3.4　挑选基金组合成员

明确了基金组合投资策略之后就可以挑选优质基金作为基金组合成员了。对此，投资者需要明白在基金组合中基金数量多少只比较合适，从理论上来看，拥有的基金数量越多，投资盈利的概率也就越大。但是，基金数量增加，收益区间则会逐渐收敛，投资者的最大收益率则不断降低，最小收益率不断抬高。

也就是说，投资者持有多只基金，尽管可以降低组合的收益波动，但也失去了获取更大收益的可能性。因此，投资者持有的基金数量并非越多越好，通常来说个人投资者组建的基金组合，基金数量控制在五至十只比较适合，其中一到三只投资于固收类基金，二至三只投资于稳健型基金，二至三只投资于高成长性基金，具体各个部分的资金比例可以根据风险承受能力进行调整。

注意，组合里每多一只基金，投资者就需要花费更多的精力来追踪该只基金的业绩表现、投资风格、投资策略等。

然后就可以开始从基金市场中筛选真正的优质基金作为基金组合成员。在前面的内容中我们介绍过一些基金的筛选方式，例如基金经理、基金投资策略、基金指标等都比较实用。这里再介绍一种市场比较常用的"4433"基金筛选法，具体如下。

①基金近一年的业绩排名在同类基金中位列前 1/4。

②基金两年、三年和五年的业绩排名在同类基金中位列前 1/4。

③基金三个月的行业成就名次要位于同品种基金的前 1/3。

④基金六个月的行业成就名次要位于同品种基金的前 1/3。

经过上面一番筛选之后，余下的都是一些短中期排名都比较靠前的，表现优异的基金了，此时投资者再优中选优，选中优质基金的概率更高。

拓展知识 *"4433" 法则*

"4433"法则只是一种筛选优质基金的参考方式，其基金筛选主要依赖于基金以往的历史业绩，以便从中筛选出业绩稳定、表现优异的基金。但是，历史业绩并不能代表未来业绩，投资者在筛选时要结合基金的实际情况和自身风险承受能力进行判断。

3.3.5　做好动态调整保持平衡

基金组合构建完成之后，并不代表投资结束，投资者还需要做好动态调整，保持基金组合的平衡。因为基金组合会随着市场的变化而变化，包括经济周期变化、行业基本面变化、行业景气度变化及估值高低变化等，都会引起基金组合变化。因此，要注意对基金组合进行实时监控、调整。

◆ **定期检查基金组合**

时刻关注组合中的基金变化情况，包括基金经理任职情况、投资风格及市场走向等，以便随时掌握市场。但是，检查并不意味着频繁换手、过度调仓，可以把这种检查当作一种"定期体检"。

◆ **根据市场变化调整**

投资者可以根据市场行情的波动情况来适当调整自己的基金组合比例。当市场处于熊市行情时，可以适当减少对股票型基金的配置，增加货币基金的配置；当市场处于牛市行情时，则可以适当增加对股票基金的配置，减少对货币基金的配置。

◆ **根据基金的业绩表现调整**

投资者可以根据基金的业绩表现情况来调整基金，当基金组合中某只基金业绩表现不佳时，可以选择更换基金。但这里的业绩表现需要以中长期业绩表现来进行判断，基金短期波动变化属于正常情况，市场上没有永远上涨的基金，也不会出现永远下跌的基金，上涨和下跌都是顺应市场的表现，投资者不必过于紧张。

综上所述，基金动态调整是必要的，但并非过度换手，投资者可以保持实时监控检查的习惯。当基金组合与预期目标发生严重偏离时，则可以进行组合再平衡处理，或者是定期平衡处理，即半年一次或一年一次，动态调整基金组合，使其保持平衡。

第 4 章

股市盈利要懂得的金股选择技法

除了基金市场之外，股票市场也是众多投资者投资理财的首选之地，因为股票投资虽然风险较高，但潜在的投资收益也较高，由此吸引了大批投资者纷纷入场。对于股市投资者来说，入市投资的第一步就是选股，选择一只优质的股票，可以在一定程度上降低投资风险。

4.1 不同市场行情的选股技法

股市永远处于波动变化之中，投资者要明白既没有永远的牛市，也没有永远的熊市。作为投资者最为重要的是想办法沉着地应对不同市场，而选择适合的股票就是应对市场变化的方法之一。

4.1.1 牛市中的选股

牛市行情也被称为多头市场，是指股价走势整体上基本趋于持续拉升的行情，投资者不断买进股票，形成需求大于供给的市场现象。投资者都期望抓住牛市，但是牛市并不会提前预告，所以投资者需要观察市场，掌握动向，及时判断牛市。通常来说，牛市行情具有以下一些市场特征。

成交量明显增加。在牛市行情中，人气明显高涨，不管是散户投资者，还是投资机构，纷纷将大量资金投入股票市场，成交量明显增加，市场呈现一片繁荣的景象。

上涨时间较长。在牛市行情中，多头对市场有较强的控制力，所以大多数情况下股价表现上涨，即便出现下跌，下跌回调的时间也比较短。

相关政策支持。牛市行情的到来，说明市场中的大部分股票都表现上涨，这样的局面往往不是某一个公司或某一个行业引起的，更多是国家政策的支持。当国家政策出台一系列利好消息时，往往会最先反映到股票市场中。

虽然牛市行情到来，市场中大部分股票的股价都会表现上涨，给了投资者很多的获利机会，但事实上却并不是所有的投资者都能在牛市行情中获利。这是因为市场是轮动变化的，牛市行情一般几年才发生一次，往往在有的人还没反应过来时便结束了；而有的投资者虽反应过来了，但牛市行情可能已经进入尾声了，获利空间有限。所以，投资者一定要注意牛市的到来，找到合适的股票及时入场。

虽然在牛市行情中投资者及时买进股票一般都能获得收益，但是不同的股票收益率却不同，我们需要选择收益率较高的股票，力求将收益最大化。

◆ 追龙头股

龙头股是指在某一时期股票市场中对同行业的其他股票具有影响力和号召力的股票，即龙头股的涨跌往往对同行业其他股票的涨跌起引导和示范作用。

通常情况下，行业龙头股是强势股，不仅在业绩表现中会优先领涨于其他股票，而且其规模、盈利能力、基本面和发展性也是最强的。在牛市中追涨龙头股，主要在以行业、地域和概念为基础的板块中选择最先启动的领头上涨股。

◆ 追涨盘中强势股

追涨盘中强势股是指追求已经形成上涨趋势的股票。要知道，尽管股票已经出现了一定幅度的上涨，但是在别的投资者眼里它仍然具有较高的投资价值。在牛市行情中，一只已经形成上涨趋势的股票往往比一只还没有出现上涨的股票更能吸引投资者，这类股票往往是短线投资者重点选择的对象。

◆ 追涨停板

涨停板是市场上个股走势异常强劲、多头实力强大的表现。追强势股的涨停板，可以使投资者在短期内迅速实现资金的增值。但是在实际投资中，很多散户投资者容易被涨停板 10% 的涨幅吓到。需要注意的是，涨停并不意味见顶，尤其是牛市行情中，涨停更多代表的是实力。

◆ 买入小盘股

前期股价越低的股票，后期股价上涨的空间就越大，因为稀缺性和流动性，很容易导致股票出现涨停拉升。投资者在牛市前期买入这类股票后，耐心持有便会有较大幅度的收益。

◆ 成长性个股

成长股是处于飞速发展阶段的公司所发行的股票，尤其是一些受国家政策扶持的概念性股票，往往更容易吸引投资者的注意，更容易出现急速飙升的强势行情。

总的来说，在牛市行情中，由于大部分个股都在上涨，所以投资者如果只是想要获利的话，投资难度并不大，但是想要获得超过大盘的涨幅，还是需要在选股上面下一些功夫。

4.1.2 熊市中的选股

熊市也被称为空头市场，它与牛市是截然不同的两种行情。牛市是投资者普遍看好市场后市走向，前景乐观，投资者投资热情高涨；而熊市则是预料股市行情看跌，前景悲观。因此，在熊市中选股的难度远远大于牛市，因为在熊市行情之下，大部分的个股走势表现逐级向下，只有少数个股逆势而上，投资者想要抓住这些上涨个股还是有一定难度的。

在面对熊市行情时，一些炒股经验较少的新手投资者其实可以另辟蹊径，投资债券、黄金等更为稳健的产品，或者持币观望，耐心等待机会。但这并不意味着熊市中就完全没有投资机会，不能炒股了。对于有一定投资经验的投资者来说，只要选好股票依然可以获利。

熊市选股与牛市选股方法存在较大差异，例如选股目的、选股要求及选股方向等都不同，牛市要求优中选优，提高收益率。而熊市则是逆势而为，选择有潜力、有爆发力的股票。一般来说，熊市中可以挑选的目标股有以下四类。

（1）超跌个股

在熊市行情中，市场中的大部分股票几乎都处于不断下行的弱势行情之中，此时选股可以试着从中挑选下跌幅度较深，跌势很重的股票，尤其是处于熊市后期，或者是熊市行情已经持续了较长时间的个股。

通常来说，这类股票已经经过一轮较大幅度的下跌，跌幅已经很深了，股价继续下跌的空间有限，可以说已经跌无可跌了。所以，即使大盘继续下行，这类股票也会提前止跌，率先反弹。此外，因为股票前期经过较深幅度的下跌，所以后期反弹的幅度也会更高。

（2）弹性较好的股票

股票下跌并不可怕，跌的幅度深也并不可怕，只要能够快速反弹修复回来，就说明这只股票并不差，所以，投资者熊市选股应首选弹性较好的股票，高抛低吸，抢反弹。弹性好的股票通常具有以下特点。

下跌速度较快。与市场中的大部分股票缓慢下行不同，弹性好的股票通常下跌速度较快，且下跌的速度越是猛烈，往往越能够引发强劲的反弹行情。

下跌幅度较深。前期下跌幅度越深，后期反弹的高度才会越高。投资者在选择股票时不要选择原本价格就不高、跌幅还不深的低价股，而是要选择经历过深幅下跌的低价股。

活跃的小盘股。小盘股相比大盘股来说占用资金较少，在市场中表现异常活跃，具有较高的短线操盘价值，因此常常会受到各类资金的关注。另外，这类型的股票在市场中往往更容易反弹回升。

（3）具有良好发展前景的个股

具有良好发展前景的股票，通常这类股票后面的公司经营稳健、未来发展前景较好，被众多人看好。当市场处于牛市行情时，这类股票往往价格较高，普通投资者难以操作；而当市场处于熊市行情时，这类股票的股价可能随大盘大幅下跌，尤其在大幅下跌行情时，股价大幅向下，这无疑是给散户投资者提供了一个较好的买入机会，能够让投资者在一个较低价位买入优质股票。

因为公司本身经营良好，前景值得期待，所以下跌只是短期的，投资者要用长远的目光来看待此番投资，在投资策略上应以中长线为主，不要期望短期内获得超高回报。

（4）短期热点概念股

当大盘处于熊市行情，不断下行至底部区域时，投资者要密切关注个股中的短期热点概念股，因为这类股票往往会先于大盘启动。

此外，这类股票中往往潜藏着市场主流资金，因为其对市场未来走势观察敏锐，通常会早期入场抢占先机，以便拉升行情，所以投资者早期跟进，更容易成功抄底。

综上，在股票市场中，有涨必有跌，熊市不可避免，但是投资者选好优质股票，后市也能够出现较好的反弹行情。

4.1.3　猴市中的选股

股票市场中除了牛市和熊市之外，还有猴市。猴市也被称为震荡市场，此时市场中股价的上涨和下跌并没有牛市和熊市中那么明显，而是在一个箱体内不断上下震荡运行，呈现上有顶下有底的状态，可以理解为多空力量相差不大的市场行情。

虽然猴市以震荡行情为主，不像牛市充满机会，但是这并不代表市场中没有获利机会。

猴市中的投资一般以波段短线操盘为主，投资者可以重点关注下列几种股票。

（1）与大盘走势相仿的股票

处于猴市当中的大盘仿佛处于一个箱体内，横向波动运行，当股价上行至某一位置附近时遇阻回落，当股价下行至某一位置附近时获得支撑止跌，随后便不断上下震荡运行。此时，投资者可以选择一只与大盘走势相仿的股票，以箱体顶部和底部作为波段操盘指示信号，当股价下跌至箱体底部时买入，当股价上涨至箱体顶部时卖出。

实例分析

猴市中选股波段操盘

查看上证指数走势发现，2021 年 2 月中旬，指数上行至 3 700 点附近后便止涨回落，随后市场转入猴市之中，呈箱体运动，如图 4-1 所示。

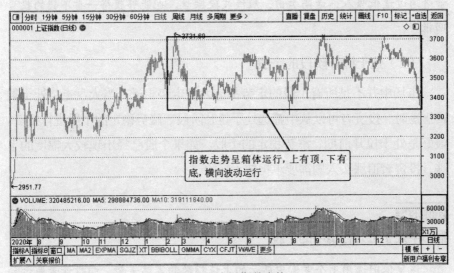

图 4-1　上证指数走势

与此同时，查看中国石化（600028）同期的 K 线走势，如图 4-2 所示。

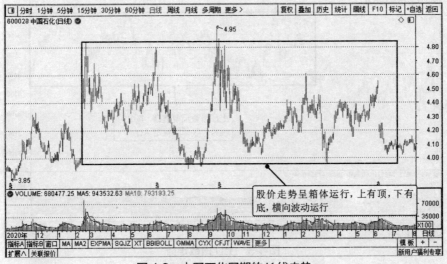

图 4-2　中国石化同期的 K 线走势

从图 4-2 中可以看到，个股走势与大盘走势相仿，2021 年 2 月中旬，股价上涨至 4.80 元价位线上方，创出近期新高之后止涨回落，结合大盘走势和个股走势情况，说明市场进入猴市。

之后，中国石化的股价基本处于一个箱体内上下震荡横向运行，此时投资者通过逢低吸入，逢高卖出，短线波段操盘，也能够获得一番不错的投资回报。

（2）处于拉升阶段的个股

市场中并不是所有个股的走势都与大盘走势相近，当大盘走势处于猴市震荡时，投资者可以从中筛选处于拉升阶段、涨势稳定的个股进行投资。最好是处于拉升前期、涨势稳定的个股。如果个股已经出现较大幅度的上涨，投资者追涨买入则需要承担较大风险。

实例分析

猴市中处于上升行情中的个股

这里依旧选用上个案例中展示的上证指数的震荡走势，向投资者展示如何在大盘猴市中筛选稳定上涨的个股进行投资，如图 4-3 所示。

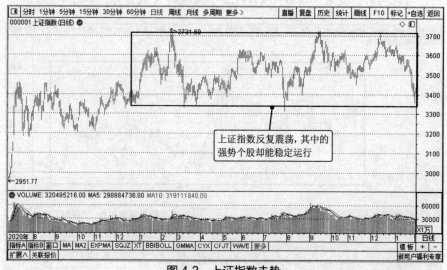

图 4-3　上证指数走势

此时，查看个股发现，四川路桥（600039）股价前期经过一番下跌行情后运行至底部 3.00 元相对低位区域，随后触底回升，转入拉升行情之中，如图 4-4 所示。

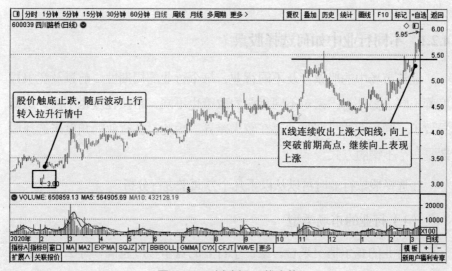

图 4-4　四川路桥 K 线走势

股价向上波动运行，表现拉升行情，涨势稳定。2020 年 11 月中旬，股价上行至 5.25 元附近遇阻回调，当股价下行至 4.50 元价位线上后止跌横盘，随后再次向上拉升。

2021 年 2 月中旬，当大盘指数创出新高止涨回落转入箱体时，四川路桥的 K 线却开始震荡拉升，进入 3 月后，更是连续收阳向上突破前期高点，继续向上拉升，表现上涨行情，说明场内做多力量强劲后市继续看多。投资者可以买进，持股待涨。

4.2　不同行业题材的股票选法

股票按照不同依据可以分为多种板块，例如按照行情可以分为农林牧渔板块、有色金属板块、医药板块等；按照地域划分可以分为新疆板块、西藏板块、山西板块等；按照不同概念划分可以分为新能源概念板块、海洋工程装备概念板块及风力发电概念板块等。那么，如何从众多不同行业和概念中选择适合的股票呢？下面具体来看看。

4.2.1　不同行业中如何选择股票

证券市场中的股票涉及不同行业，每个行业的周期性、前景及竞争程度都不同。另外，国家对不同行业的政策也不同，帮扶程度也不同，这就导致了不同行业的投资收益存在较大差异。因此，从行业的角度来选择股票是一个不错的方式。

在选择股票行业时可以从以下几个方面来进行分析。

（1）行业的市场类型

从行业的竞争情况来看，某一个行业的竞争程度越高，那么企业因经营管理不善而在竞争中破产倒闭的可能性也就越大，而竞争程度越低的行业，企业发展稳健，快速成长的可能性也就越大。

（2）行业的生命周期

行业也存在生命周期，包括萌芽期、成长期、成熟期和衰退期。公司处于行业发展的不同阶段，其经营收益和风险程度也不同。当企业处于萌芽期时，风险较大，股价较低；当企业处于成长期时，收益明显增加，后市发展被看好，不确定影响因素减少；当企业处于成熟期时，说明企业在竞争中生存下来，在行业中获得市场，利润稳定；当企业处于衰退期时，整个行业进入了生命周期的最后阶段，由于利润的停滞乃至下降导致行业整体经营风险增大，而股价也在低水平上徘徊。

（3）行业前景分析

行业前景分析指的是一个行业未来的景气度，即这个行业未来是否能够有较大的需求空间。若投资者不慎投资了夕阳产业，因为企业的整体价格和估值都在下移，此时投资者的投资通常也很难抵御股价的趋势性下跌。

行业前景分析的关键在于对行业未来趋势的分析，它能够反映行业的下游需求是否在增加，这也是行业盈利能力分析的重点。

综合上述，投资者在选择股票所属行业时可以优先考虑下列一些行业。

- ◆ **支柱行业**：支柱产业是指在国民经济体系中占有重要的战略地位，其产业规模在国民经济中占有较大份额，并起着支撑作用的产业或产业群。因为其在国民经济中的占比较重，业务扩张能力强，所以，只要基本面没发生重大变化，那么与支柱产业有关的行业便会持续发展，对应的个股股价也会持续上涨。

- ◆ **抗通胀行业**：抗通胀行业指能较好地抵抗通货膨胀影响的行业。通货膨胀是指在纸币流通条件下，因货币供给大于货币实际需求，即现实购买力大于产出供给，导致货币贬值，由此引起的一段时间内物价持续而普遍的上涨现象。在通货膨胀的影响下，政府为了应对通货膨胀带来的种种影响，通常会采取紧缩的货币政策，提高银行的存款利率，这样对股市的影响很大，通常会在短期内使得股票价格下跌。但是，其中有些行业是可以克服通货膨胀或者受益于通货膨胀的，如金融类行业和资源类行业。

- ◆ **战略性新兴行业**：对于战略性新兴行业，国家不管是在财政方面，还是在政策上面都给予了强力支持，能够促使相关企业得到较好的成长与发展。战略性新兴行业如节能环保行业、新一代信息技术行业、生物行业、高端装备制造行业、新能源行业、新材料行业、新能源汽车行业等。

4.2.2 不同概念下如何选股

概念股是指具有某种特别内涵的股票，而这一内涵通常会被当作一种题材成为股市的热点。例如，融资融券概念、华为概念、"一带一路"概念等。与普通的业绩股不同，业绩股往往需要良好的业绩作为支撑，而概念股依靠的是一种概念内涵。

概念股具有较强的广告效应，即股票本身并没有较大的吸引力，可是它一旦被纳入某个概念中，便会受到全体投资者的密切关注，成为股市中的热门股，进而可能出现爆发性上涨。

那么，在众多概念股中，投资者应该如何去选，又应该如何去买呢？

首先，需要了解概念股的上涨规律。通常来说，概念股的上涨速度都比较快，而且一旦上涨往往都是爆发性的上涨，这主要依靠的是消息面和投资者的追涨情绪。

对投资者来说，如果没有准确的消息面，就难以准确抓住市场中的概念股，所以作为投资者，最为重要的就是抓住消息面的情况。投资者可以从各类财经新闻网站入手，关心国家政策的最新动向和热点事件，并且要具备极快的反应速度和敏锐的投资眼光，这样才能在市场反应过来之前抢先入场，而不是高位接盘。

其次，概念股的急涨更多依靠的是市场中投资者们的投资情绪，但是这种情绪往往来得快去得也快，所以概念股的热度也是来得快去得也快，股价波动变化也比较大，急涨之后可能出现急跌。鉴于此，投资者不仅要把握好入场时机，更要把握好离场时机，以短线交易为主，持股时间不能太长，股价上涨出现一定幅度后需要及时抛售离场，避免被套。

最后，投资者在选择概念股股票时，还要注意以下几点。

①要注意选择与概念相关性较强的个股，如果相关性较弱，那么个股涨幅通常不大，甚至还可能出现下跌的情况。

②选择盘面相对更小的个股，这一类股票更容易在短时间内出现爆发性的上涨。

③尽量选择低价位个股，因为低价位的股票，其价格更容易被拉升。

总的来说，概念股确实能让投资者快速获利，且获利较为丰厚，但是其伴随的投资风险也较大，投资者往往难以把握，投资概念股不仅需要投资者具备一定的投资经验和投资技巧，更需要投资者能够把握更多的财经信息，从而及时把握市场中的风向。

4.2.3 不同地区中的股票如何选

从地区来看，A 股市场中的股票可以分为多个地区，那么对投资者而言，如何从众多的地区中选择优质的股票呢？

我们知道，根据国家现行的经济社会发展总方向和目标，国家会对一定区域内的社会经济发展和建设进行总体部署和规划，并出台相关扶持政策。所以，这些地区的上市公司往往能够得到包括资金、技术、政策及人才等方面的支持，从而得到快速成长和发展，企业获利能力将大幅提升，当然其股价也将大幅上涨。

因此，在选择地区股票时应重点关注我国经济建设规划的重点区域，例如长三角、珠三角、中部地区及西部地区。借助财经新闻、时事新闻、重要事件，持续关注与这些区域相关的发展规划。

选择好了地区之后，往往会发现，在同一地区内股票数量也不少，图 4-5 所示为海南板块的股票排列。

▼播	代码	名称		涨幅%	现价	涨跌	买价	卖价	总量	现量	涨速%	换手%	今开 ?
1	000505	京粮控股	R	0.00	8.03	0.00	8.02	8.03	264	264	0.00	0.00	8.03
2	000566	海南海药	R	0.77	5.21	0.04	5.19	5.21	571	571	0.00	0.00	5.21
3	000567	海德股份	R	-0.59	18.68	-0.11	18.67	18.68	234	234	0.00	0.00	18.68
4	000571	ST大洲		-0.91	2.17	-0.02	2.17	2.18	524	524	0.00	0.01	2.17
5	000572	海马汽车	R	0.20	4.97	0.01	4.97	4.98	214	214	0.00	0.00	4.97
6	000657	中钨高新	R	-0.44	13.67	-0.06	13.67	13.69	273	273	0.00	0.00	13.67
7	000735	罗牛山	R	-0.13	7.80	-0.01	7.79	7.80	1024	1024	0.00	0.01	7.80
8	000793	华闻集团	R	0.38	2.65	0.01	2.65	2.66	1917	1917	0.00	0.01	2.65
9	000796	ST凯撒		0.00	5.11	0.00	5.10	5.11	153	153	0.00	0.00	5.11
10	000886	海南高速		-0.66	6.06	-0.04	6.05	6.06	794	794	0.00	0.01	6.06
11	000955	欣龙控股		0.00	4.66	0.00	4.65	4.66	15	15	0.00	0.00	4.66
12	002320	海峡股份		0.74	6.83	0.05	6.83	6.84	1620	1620	0.00	0.01	6.83
13	002596	海南瑞泽	R	-0.77	3.89	-0.03	3.89	3.90	2322	2322	0.00	0.02	3.89
14	002693	双成药业		-0.59	6.78	-0.04	6.78	6.82	65	65	0.00	0.00	6.78
15	002865	钧达股份		-2.57	96.18	-2.54	96.17	96.18	1742	1742	0.00	0.09	96.18
16	300086	康芝药业		0.32	6.19	0.02	6.19	6.20	236	236	0.00	0.01	6.19
17	300189	神农科技	R	0.27	3.78	0.01	3.77	3.78	63	63	0.00	0.00	3.78

图 4-5 海南板块股票列表

面对这些股票，投资者应结合当地的经济特色，以及国家大力扶持的产业来进行筛选。以海南为例，结合地理位置，当地旅游业、服务业及农业经济自然是经济发展的重点。

4.3 通过技术分析选股

技术面是指能够反映股价变化的技术指标、走势形态及 K 线组合等。股价虽然永远处于波动变化之中，但并非毫无规律的波动，技术面分析则是在掌握当前走势规律的前提之下，结合市场信号对后市走向做出预判。

通过技术分析选股的方法有很多，这里主要以重要位置的突破为例进行介绍。

4.3.1 股价向上突破箱体顶部

股价在波动运行的过程中会逐渐形成一定的价格区域，即股价在一定的价格范围内波动横向运行，而这个狭窄的运行区域就称为箱体。当股价滑落到箱体的底部时会受到多头的支撑，当股价上升到箱体的顶部时会受到空头的压制。箱体走势是一种未来走势不明的股价状态。

一旦股价向上拉升并有效突破箱体顶部时，则说明原本多空势均力敌的状态被打破，多头在双方博弈中胜出，占据优势，后市将表现上涨行情。

在利用股价向上突破箱体顶部选股时需要注意以下几点。

①突破时下方的成交量需要伴随放量，但是量能不能太大。

②突破后往往会出现回踩，此时是投资者跟进买入的好机会。

③选择股票时一般是选择上升通道中的箱体突破，处于下跌通道中的箱体通常不考虑。

实例分析

*ST 美谷（000615）股价向上拉升突破箱体顶部买入分析

图 4-6 所示为 *ST 美谷 2020 年 9 月至 2021 年 4 月的 K 线走势。

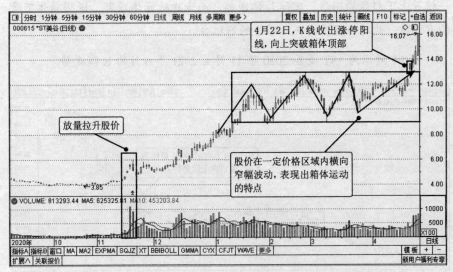

图 4-6　*ST 美谷 2020 年 9 月至 2021 年 4 月的 K 线走势

从 *ST 美谷 K 线走势可以看到，前期该股经过一轮下跌行情股价运行至 4.00 元价位线附近后止跌，并在该价位线上筑底。2020 年 11 月中旬，下方成交量突然放量，带动股价向上拉升摆脱底部区域，个股转入不断向上的强势上涨行情之中。

个股逐浪上行，2021 年 1 月中旬，股价上行至 12.00 元价位线附近后止涨回调，当股价下行至 9.00 元价位线附近后便止跌回升，随后股价不断在 9.00 元至 13.00 元价格区间内横向窄幅波动运行，上行至 13.00 元价位线附近便遇阻回落，下行至 9.00 元价位线附近后又获得支撑企稳回升，如此反复形成箱体运动。

2021 年 4 月 22 日，股价向上跳空高开，然后直线拉升至涨停板，直至收盘，K 线收出一根涨停阳线。这一根涨停阳线的出现不仅突破了箱体顶部，还将股价拉升至 13.70 元附近。由此说明原本场内多空平衡的状态被打破，多头以绝对优势胜出，后市个股继续向上表现上涨行情的可能性较大。

涨停阳线出现的第二天，股价继续高开，但盘中回落，最终 K 线收出一根带上下影线的阴线，回踩箱体顶部，而未跌破箱体顶部，说明箱体突破的有效性，此时为投资者买入跟进的好机会。

图 4-7 所示为 *ST 美谷 2020 年 11 月至 2021 年 6 月的 K 线走势。

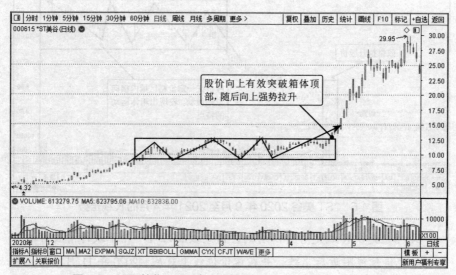

图 4-7　*ST 美谷 2020 年 11 月至 2021 年 6 月的 K 线走势

从 *ST 美谷后市的走势可以看到，股价向上突破箱体顶部之后，下方成交量继续放大支撑股价向上拉升，说明场内投资者普遍看好 *ST 美谷的后市走向，纷纷将资金投入市场。个股向上强势拉升，且涨幅较大。

4.3.2　股价向上突破前期高点

前期高点指的是股价在上升趋势中形成的最高价格位置，然后股价止涨，最高价成为阻力位难以突破。这是因为前期高点往往是前期上涨的头部或阶段性顶部，每当股价上涨至前期高点附近时，投资者都会有一种高价区域或顶部区域的心理认知，进而促使投资者每当股价运行至前期高点附近时便纷纷抛售手中持股。

当股价放量上涨有效突破前期高点时，则意味着前期高点成为新入场投资者的主要成本区域，后市股价将继续向上拉升，表现上涨行情，直至遇到更高的高点阻力。因此，对于普通投资者来说，当股价有效突破前期高点时就是买入机会，意味着个股新的上涨空间开启。

在利用股价向上突破前期高点买入股票时需要注意以下几点。

①前期高点可以是几天前、几周前或者是几个月前形成的股价高点，还可以是前期股价下跌行情中形成的反弹高点。其中，股价突破高点越远，压力越小。

②股价放量突破前期高点前，如果股价多次上冲试探纷纷在前期高点位置遇阻回落，则突破后的意义更大，后市的上涨空间也更高。

实例分析

天音控股（000829）股价向上突破前期高点买入分析

图 4-8 所示为天音控股 2020 年 5 月至 2021 年 8 月的 K 线走势。

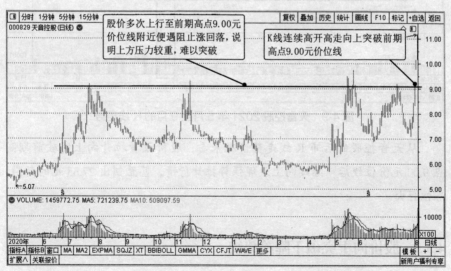

图 4-8　天音控股 2020 年 5 月至 2021 年 8 月的 K 线走势

从图 4-8 天音控股的 K 线走势可以看到，在 2020 年 5 月至 2021 年 8 月这一段走势中，股价多次表现上涨行情，但股价上行至 9.00 元价位线附近后便遇阻止涨回落，随后转入下跌走势中。由此可见，9.00 元价位线上方存在较大压力，难以突破，是重要的阻力位。

2021 年 8 月初，股价再次向 9.00 元价位线发起冲击，K 线连续收出多根高开高走的上涨阳线，一举向上有效突破 9.00 元价位线，运行至该价位线上方并继续向上，下方成交量配合放大。说明有新的主力资金入场拉升股价，后市走向看涨，投资者可跟随买入，持股待涨。

图 4-9 所示为天音控股 2021 年 5 月至 9 月的 K 线走势。

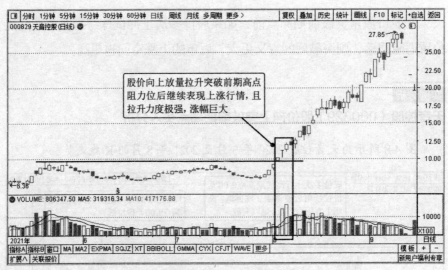

图 4-9 天音控股 2021 年 5 月至 9 月的 K 线走势

从天音控股的后市 K 线走势情况来看，股价放量拉升向上突破前期高点 9.00 元价位线后，继续向上表现强势拉升行情，甚至创出 27.85 元的新高，涨幅巨大。

4.3.3 股价向上突破下降趋势线

当股价处于波动下行的弱势行情中时，高点越来越低，低点也越来越低，此时连接两个以上的高点就可以得到下降趋势线。下降趋势线对股价起到压制作用，每当股价反弹回升至下降趋势线附近时便遇阻回落，继续下行。

因此，当股价放量向上拉升突破下降趋势线时，说明市场中原本的下跌趋势结束，新一轮上涨行情初步形成，而成交量的放大就是对看涨信号的支撑。

对于投资者来说，当股价向上突破下降趋势线后回调不破，则说明突破有效，投资者可以买入跟进。

实例分析

北方股份（600262）股价向上突破下降趋势线买入分析

图 4-10 所示为北方股份 2020 年 11 月至 2021 年 10 月的 K 线走势。

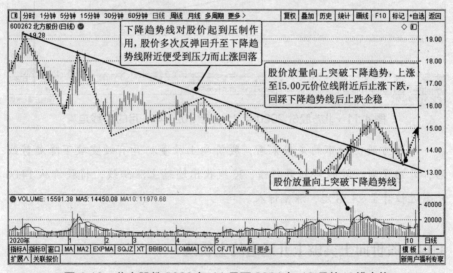

图 4-10　北方股份 2020 年 11 月至 2021 年 10 月的 K 线走势

从北方股份的 K 线走势可以清晰地看到，股价处于不断波动下行的弱势行情之中，且跌势稳定。连接股价下跌过程中的波动高点，绘制一条下降趋势线，可以看到下降趋势线对股价的上涨起到阻碍作用，每当股价反弹回升至下降趋势线附近时便受到压力而止涨回落。

2021 年 8 月下旬，股价放量上涨向上突破下降趋势线，运行至下降趋势线上方，并继续上行。当股价上涨至 15.00 元价位线附近时止涨，K 线连续收出下跌阴线回调，当股价下行至下降趋势线上时止跌企稳，说明前期股价突破为有效突破，北方股份新一轮上涨初步形成，投资者可以在此位置买入跟进。

图 4-11 所示为北方股份 2020 年 11 月至 2022 年 1 月的 K 线走势。

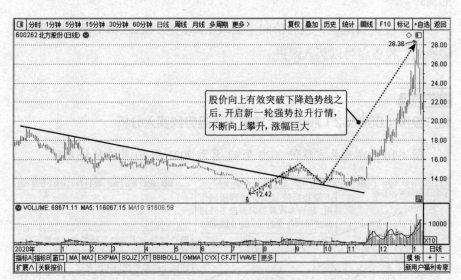

图 4-11　北方股份 2020 年 11 月至 2022 年 1 月的 K 线走势

从北方股份后市的走势来看，股价向上放量拉升有效突破下降趋势线后，开启了新一轮强势拉升行情，K 线收出连续上涨阳线，将股价从 14.00 元附近拉升至 28.38 元，涨幅惊人。

4.3.4　股价向上突破上升通道的上轨线

上升通道线是由两条平行向上的上升轨道线组合而成，选择上升趋势中的两个低点连线，由此引出的直线就是上升通道线的下轨线，也是股价波动的上升趋势线。同时，以股价波动上行的高点为基准，绘制一条与下轨线平行的直线，这条直线就是上升通道线的上轨线。

股价便在上升通道内波动向上运行，当股价上涨至上升通道上轨线附近时受到压力而止涨回落，当股价下行至上升通道下轨线附近时获得支撑而止跌企稳。在绘制上升通道线时需要注意以下几点。

①上升通道的下轨线必须严格按照上升趋势线的画法进行绘制。

②上升通道的上轨线绘制必须选择具有代表性的高点，且选择的高点所绘制的上轨线必须与下轨线平行，同时还能够通过其他已经形成的高点。

③从理论上来看，上轨线和下轨线是平行的，但在实际应用中允许出现一定程度的误差，这并不会对结果产生太大影响。

股价通常在上升通道内波动运行，但是一旦股价向上突破上升通道上轨线，成交量放大，股价继续走高，有可能会摆脱上升通道创出新高，则投资者可以适量地买入该股。

另外，投资者要警惕假突破，即股价向上突破通道线后，并没有继续上行而是迅速回落至通道线区域内，这说明这一波突破为假突破，但并不意味着个股原本的上升趋势发生变化，投资者仍然可以按照原计划进行投资。只要股价没有向下跌破上升通道下轨线，那么个股的这一波上涨行情就并未发生改变，可继续看多、做多。

实例分析

万华化学（600309）股价向上突破上升通道上轨线买入分析

图 4-12 所示为万华化学 2020 年 6 月至 2021 年 1 月的 K 线走势。

从图 4-12 中万华化学的 K 线走势可以看到，股价处于波动上行的上涨行情之中。分别连接波动上行过程中的低点和高点，得到两条平行向上的直线，绘制上升通道。

可以看到，股价在上升通道内波动运行，上升通道的上轨线和下轨线分别对股价起到压制和支撑作用。当股价上涨至上升通道上轨线附近时受到压制而拐头下行，当股价下跌至下轨线附近时获得支撑而止跌回升，如此反复波动向上运行。

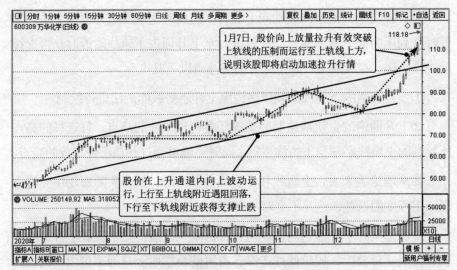

图4-12　万华化学2020年6月至2021年1月的K线走势

2021年1月7日，该股向上跳空高开，盘中继续向上大幅拉升至涨停板，最终以8.71%的涨幅阳线报收，同时下方成交量配合放大。这一根阳线的出现不仅将股价拉升至106.00元价位线附近，同时还向上突破了上升通道上轨线的压制而运行至上轨线上方。

股价向上突破后的几天，继续在上升通道的上方向上运行，说明这一根阳线向上突破有效，该股极有可能进入加速向上拉升行情，投资者可以逢低买进。

图4-13所示为万华化学2020年7月至2021年2月的K线走势。

从图4-13中万华化学后市的走势来看，股价向上放量拉升有效突破上升通道上轨线的压制之后，成功运行至上升通道的上方，且继续上行，表现上涨。

同时，股价的上涨速度加快，短短一个月左右的时间从100.00元附近上涨至150.00元价位线附近，涨幅达50%。如果投资者在股价向上突破上轨线时跟进，则可以获得丰厚的投资回报。

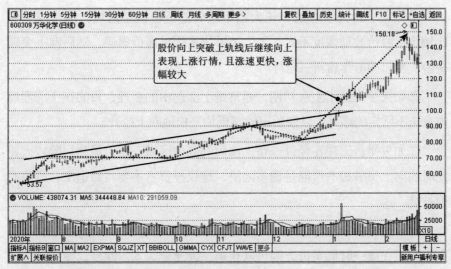

图 4-13　万华化学 2020 年 7 月至 2021 年 2 月的 K 线走势

4.3.5　股价向上突破整理平台

股价在某一位置横向整理运行，波动幅度较小，此时移动平均线基本上呈现水平线状态发展，彼此黏合，说明多空双方达到一种暂时的平衡状态。一旦股价放量向上突破整理平台，则说明新一轮上涨行情启动，投资者可以买入跟进。

股价向上突破整理平台时需要注意以下几个关键要点。

①整理平台的构筑时间至少十个交易日，否则不能算是整理平台。

②平台整理过程中的最高价与最低价之间最好不要超过 10%，且越小越好。

③整理过程中成交量逐渐萎缩，K 线逐渐变短，均线系统中的多条均线逐渐黏合在一起横向运行。

④股价向上突破整理平台一般要突破所有均线的压制，并且中短期均线要呈现出金叉向上的走势，这说明场内投资者做多意愿强烈。

实战过程中遇到这种走势时还要结合整理平台出现的位置进行分析。具体分为以下几种情况。

①如果平台处于经过一轮大幅下跌后的低位盘整区域，通常成交量比较小，股价波动幅度不大，主力能够快速吸纳廉价筹码，然后向上突破平台，发起冲击开启新一轮行情。

②如果平台处于上涨初期，通常是上涨途中的整理，目的在于清理场内意志不坚定的浮筹，以便后市能够更加轻松地向上拉升。

③如果平台出现在经过一番上涨后的高位区域，股价见顶风险较大，此时的向上突破极有可能是诱多陷阱，建议投资者不要盲目追涨，避免高位被套。

对于投资者来说，股价向上突破平台的买点就在股价向上突破的瞬间，如果无法在第一时间买进，则可以在第二天逢低买入。此外，投资者还要谨防假突破，即突破后不久便止涨回落，转入下跌行情。因此，投资者需要提前设置好止损点，一旦触发，立即离场。

实例分析

*ST 园城（600766）股价向上突破整理平台

图 4-14 所示为 *ST 园城 2022 年 1 月至 8 月的 K 线走势。

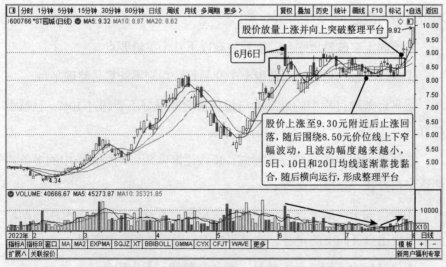

图 4-14　*ST 园城 2022 年 1 月至 8 月 K 线走势

从图 4-14 中 *ST 园城的 K 线走势可以看到，前期个股经历一番下跌行情后运行至 5.00 元价位线下方的低位区域。经过一段时间的低位盘整后，于 2022 年 2 月下旬在成交量的放大推动下股价向上运行，使其摆脱低位底部区域，转入逐浪上行的拉升行情之中。

2022 年 6 月 6 日，股价上行至 9.00 元价位线附近，但盘中快速下跌，最终以一根高开低走的大阴线报收。这根大阴线的出现使得股价止涨回落，但下跌幅度不大，股价跌至 7.50 元价位线附近便止跌企稳，随后围绕 8.50 元价位线上下波动横向运行，且波动幅度越来越小，形成整理平台。

仔细观察发现，在股价整理过程中，均线系统中的 5 日、10 日和 20 日均线逐渐靠拢黏合，然后横向运行。与此同时，下方的成交量也逐渐萎缩。说明此时场内的多方和空方暂时达成一种平衡状态。

2022 年 7 月下旬，下方成交量开始温和放大，而上方 K 线收出连续的上涨阳线向上拉升股价，并有效向上突破整理平台。因为整理平台距离起涨点位置较近，涨幅并不大，所以，该整理平台更有可能是股价上行途中的调整，且在平台整理期间成交量缩量，说明场内主力资金并未离场。此时股价向上突破平台，说明调整结束，后市极有可能进一步向上拉升，是投资者的买入机会。

图 4-15 所示为 *ST 园城 2022 年 5 月至 12 月的 K 线走势。

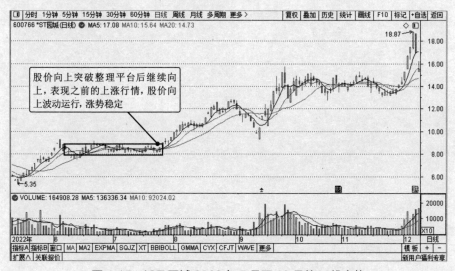

图 4-15　*ST 园城 2022 年 5 月至 12 月的 K 线走势

　　从 *ST 园城的后市 K 线走势可以看到，股价向上放量突破整理平台之后，继续表现之前的上涨行情，股价向上逐浪运行，涨势稳定，且涨幅较大。如果投资者前期能够在股价向上放量突破整理平台时买入跟进，则可以获得不错的投资回报。

拓展知识 *向上突破整理平台后的上涨*

　　向上突破整理平台后的上涨幅度与整理平台的长度密切相关，股市常说："横有多长，竖有多长"。也就是说，股价横盘整理的时间越长，那么后市股价向上突破后拉升的幅度也就越高。

第 5 章

用好K线技术精准把握股市涨跌

股价永远处于波动变化之中，如果仅仅依靠主观判断或者是追逐热点来进行投资则风险太大，由此衍生出了许多股市投资的技术分析法，其中，K线是股民最常使用的，也是最为基础的一种技术分析法。通过K线，投资者可以快速了解市场中的股价变化，抓住买卖时机。

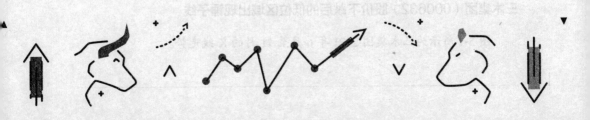

5.1 单根 K 线发出的买卖信号怎么用

K 线技术应用根据不同 K 线的数量可以分为单根 K 线应用和 K 线组合形态应用。其中，单根 K 线就是单独从一根 K 线形态来分析当前市场中的多空力量情况，以便对后市股价发展方向做出准确的判断。

5.1.1 锤子线

锤子线是指带有长下影线，没有上影线（或上影线很短），实体较小的 K 线，其中最为突出的特点是下影线的长度是实体的三倍以上。从形态上看，它就像是一个锤子，所以称为锤子线。锤子线出现在市场中的不同位置具有不同的指示意义。

①锤子线出现在个股经过一轮上涨行情后的相对高位区域，说明场内多头乏力，空头力量加强，个股继续上涨无望，是一种顶部信号，后市极有可能转入下跌行情中。另外，锤子线的下影线越长，则说明其传递出的见顶信号就越强。

②锤子线出现在个股经过一轮下跌行情后的相对低位区域，说明场内空头力量疲软，难以继续下行，此时多头力量逐渐聚集发起反攻，是一种见底信号，个股下跌行情即将结束，开启新一轮上涨，且锤子线的下影线越长，后市个股上涨的空间也就越大。

③在股价上涨途中，若股价回调至重要位置，如重要趋势线位置、重要黄金分割位、重要支撑位置等，此时出现锤子线说明支撑有效。当股价再次稳稳站在锤子线上方时可介入。如果在重要阻力位置出现锤子线，同样可以视为阶段性顶部信号，投资者应及时抛售持股。

实例分析

三木集团（000632）股价下跌后的低位区域出现锤子线

图 5-1 所示为三木集团 2021 年 6 月至 11 月的 K 线走势。

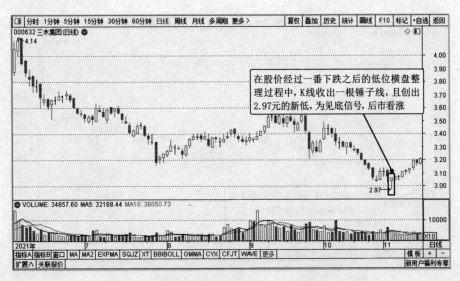

图 5-1　三木集团 2021 年 6 月至 11 月的 K 线走势

从图 5-1 中三木集团的 K 线走势可以看到，个股处于不断震荡下行的弱势行情之中，且跌幅较大。2021 年 10 月下旬，当股价下行至 3.10 元价位线附近后跌势减缓，并在该价位线上横盘整理。

在低位整理过程中 K 线收出一根带长下影线的小阳线，并创出 2.97 元的新低，仔细观察发现该 K 线的下影线长度在小实体的三倍以上，形成低位锤子线。在股价下跌后的低位整理区域出现锤子线，这往往是股价见底的信号，说明场内的空头动能基本上释放完全，股价继续下行的可能性较低。与此同时，多头力量却逐渐聚集向上发起反攻，后市极有可能转入多头之中，投资者可以在此买入，持股待涨。

图 5-2 所示为三木集团 2021 年 11 月至 2022 年 4 月的 K 线走势。

从三木集团后市的 K 线走势来看，在股价低位整理区域 K 线收出锤子线后，股价见底回升，转入逐浪上行的多头市场中。个股的涨速不快，K 线以小阳线为主，但是涨势稳定，投资者以中长线投资为主，仍然能够获得不错的投资收益。

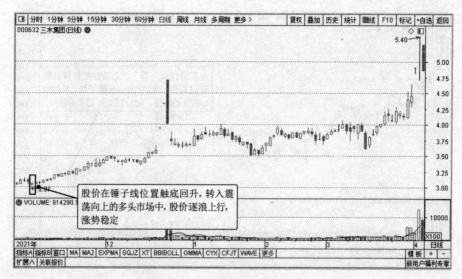

图 5-2　三木集团 2021 年 11 月至 2022 年 4 月的 K 线走势

5.1.2　流星线

流星线也被称为射击之星或倒锤头线，是指上影线很长，下影线没有或很短，实体较小的 K 线，实体可阴可阳。流星线通常出现在股价经过一番拉升后的顶部区域，是一种比较典型的见顶信号。

流星线的形成是因为股价盘中多头向上发起冲击，使得股价一度向上急速拉升，但之后空头力量加强，使得股价又回落至开盘价附近。

在实战中运用流星线形态做投资分析时，需要注意以下几点。

①流星线一般出现在上涨趋势之中。

②流星线的实体较小，上影线较长，且上影线大于或等于实体长度的三倍。

③流星线通常没有下影线，如果有，也非常短。

实例分析

威孚高科（000581）高位流星线发出顶部信号

图 5-3 所示为威孚高科 2020 年 4 月至 12 月的 K 线走势。

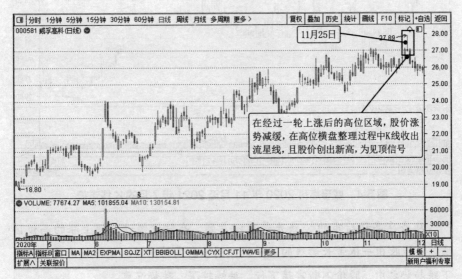

在经过一轮上涨后的高位区域，股价涨势减缓，在高位横盘整理过程中 K 线收出流星线，且股价创出新高，为见顶信号

图 5-3　威孚高科 2020 年 4 月至 12 月的 K 线走势

从威孚高科的 K 线走势情况可以看到，该股处于逐浪上涨行情之中，且涨势稳定，涨幅较大。2020 年 11 月，股价上行至 27.00 元价位线附近后止涨，随后在 26.00 元至 27.00 元区间横盘窄幅波动运行。因为此时已经距离起涨点位置较远，场内累计涨幅较大，所以存在见顶风险。

在股价高位横盘整理的过程中，2020 年 11 月 25 日，该股开盘后，股价快速向上拉升到当日的最高价 27.89 元，随后又快速滑落直至收盘，最终 K 线收出一根带长上影线，且实体较小的小阴线。进一步查看，发现上影线的长度为小实体长度的三倍以上，形成流星线 K 线形态。

在股价高位整理区域 K 线收出流星线并创出新高，这是股价见顶信号，说明场内的多头力量衰竭，难以继续向上拉升，空头力量趁机聚集打压股价，后市极有可能转入一轮下跌走势之中。场内的持股投资者应立即抛售股票离场，避免被套。

图 5-4 所示为威孚高科 2020 年 11 月至 2021 年 7 月的 K 线走势。

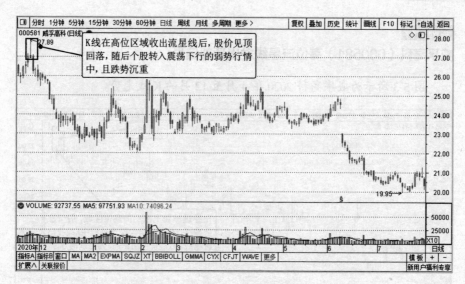

图5-4　威孚高科2020年11月至2021年7月的K线走势

从威孚高科后市的K线走势可以看到，在股价经过大幅上涨的高位区域，K线收出一根带长影线的流星线，创出新高的同时，使得股价见顶转入下跌趋势之中。股价不断震荡下行，跌幅较深，跌势沉重。

5.1.3　十字星线

十字星线是指只有上下影线，而没有实体的K线形态，这是因为在当天的交易中，开盘价与收盘价相同。其中，十字星线的上影线越长，表示上方卖压越重，而十字星线的下影线越长，则说明下方的承接力越强，买盘越旺盛。

十字星线是因为其K线形态与汉字"十"相似，所以称为十字星线，但这并不表示只有上影线和下影线长度相等的情况下，K线才能够称为十字星线。

根据上下影线的长度不同，十字星线可以分为不同的形态，且不同形态的十字星线具有不同的指示意义，具体见表5-1。

表 5-1　十字星线的形态和市场意义

名　称	图　形	市场意义
小十字星	十	大多数时候在牛市行情上涨初期或中期出现，表明市场中的多空力量都不强，处于一种暂时的平衡状态
长十字星	┼	表明市场中的多空双方盘中争夺激烈，但最后势均力敌，不分胜负
长上影十字星	╪	在多空双方博弈中，空方占据优势
长下影十字星	╬	在多空双方博弈中，多方占据优势

十字星线除了有形态之分外，根据出现的市场位置不同，其代表的市场意义往往也不同。

①当十字星线出现在上升趋势的顶部，长阳 K 线之后，预示市场上涨的结束，是行情见顶回落的信号。

②当十字星线出现在下降趋势的底部，长阴 K 线之后，预示市场下降的结束，是行情触底回升的信号。

③如果十字星线出现在上涨或下跌趋势的中途，为中继调整信号，预示市场将继续沿原趋势运行。

另外，当十字星线与前一个交易日的 K 线形成跳空时，可分为向下跳空十字星线和向上跳空十字星线。向下跳空的十字星线通常出现在股价经过一轮下跌后的低位区域，个股极有可能迎来一波上涨行情，是一个买入信号。

而向上跳空十字星线则通常出现在股价长期攀升后的高价位区域，是多方势力衰竭，空方发起反攻的信号，说明个股的这一轮上涨即将结束，后市看跌，是比较强烈的卖出信号。

实例分析

赣能股份（000899）顶部横盘整理收出十字星线

图 5-5 所示为赣能股份 2022 年 5 月至 7 月的 K 线走势。

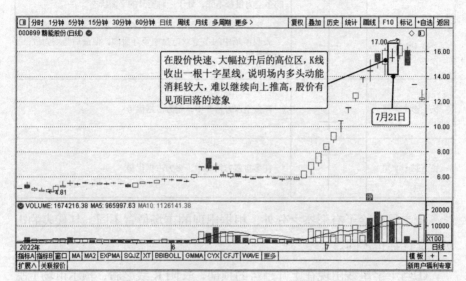

图 5-5　赣能股份 2022 年 5 月至 7 月的 K 线走势

从赣能股份的 K 线走势可以看到，前期个股经过一番下跌之后股价运行至 6.00 元价位线下方的低位区域，并长期在低位区域内横盘窄幅波动运行，走势沉闷。

2022 年 6 月上旬，成交量出现放大迹象，带动股价小幅向上攀升，并向上突破 6.00 元价位线，但很快再次跌落至 6.00 元价位线附近，并围绕 6.00 元价位线横盘整理一段时间后成交量再次放大，带动股价向上攀升，并有效突破 6.00 元价位线，继续向上运行，开启一轮大幅拉升行情。

在股价向上拉升过程中，K 线连续涨停，使得股价向上快速大幅急涨，短短几个交易日的时间便上涨至 14.00 元价位线上方。当股价上行至 16.00 元价位线附近后涨势减缓，并在 16.00 元价位线上横盘整理运行。此时，累计涨幅已超过 166%，属于风险较大的高价位区域，股价可能存在见顶迹象。

在股价高位横盘整理过程中，2022 年 7 月 21 日，K 线收出一根没有实体的十字星线，且上影线长于下影线，说明经过前面的一番大幅拉升，场内的多头力量消耗完全，已无力继续推高股价了，而此时空头动能占据绝对优势，后市可能转入下跌走势之中。场内的持股投资者应立即抛售股票离场，锁定前期收益。

图 5-6 所示为赣能股份 2022 年 7 月至 11 月的 K 线走势。

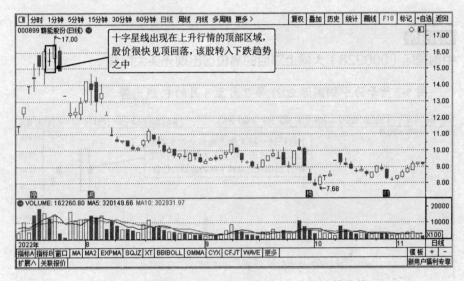

图 5-6　赣能股份 2022 年 7 月至 11 月的 K 线走势

从赣能股份的后市 K 线走势可以看到，在股价急速大幅拉升后的高位横盘区域，K 线收出十字星线后仅仅两个交易日，股价便拐头下行，转入震荡下行的下跌趋势中。

5.1.4　光头阳线

光头阳线又被称为收盘秃阳线，是一种没有上影线的阳线，这种阳线通常以最高价收盘。一般来说，出现光头阳线属于强烈的看涨信号，但是光头阳线出现在市场中的不同位置，代表的市场含义也不同。

①当光头阳线出现在股价经过一轮下跌行情后的低位区域，说明盘中的做多力量明显增强，预示后市股价可能迎来反转，或者是反弹行情。

②当光头阳线出现在股价上涨的中途时，尤其是出现在股价刚启动不

久时，预示着股价有加速上涨的征兆，投资者可以追涨买入。

③光头阳线出现在连续上涨的顶部区域时，则极有可能是多方发起的最后一击，后市股价反转下跌的可能性较大，投资者要谨慎，避免高位接盘。

实例分析

中钢国际（000928）大幅上涨后的高位区出现光头大阳线

图 5-7 所示为中钢国际 2021 年 2 月至 5 月的 K 线走势。

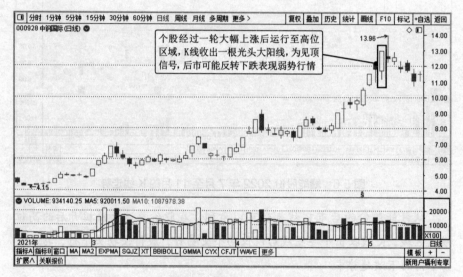

图 5-7　中钢国际 2021 年 2 月至 5 月的 K 线走势

从中钢国际的 K 线走势可以看到，个股从 4.00 元价位线附近的相对低位区域开始向上攀升。股价逐浪上行，涨势稳定，涨幅较大。2021 年 5 月初，股价上行至 12.00 元价位线附近时涨势减缓，随后 K 线收出一根光头大阳线。因为此时距离起涨点位置较远，累计涨幅超 200%，属于高风险价位区域，所以这一根光头大阳线极有可能是场内多头力量的最后一击，股价可能见顶转势。

光头大阳线出现后的第二天，股价冲高回落，K 线收出一根带长上影线的阴线，说明上方压力较重，股价难以向上突破，进一步确认见顶信号。

图 5-8 所示为中钢国际 2021 年 5 月至 11 月的 K 线走势。

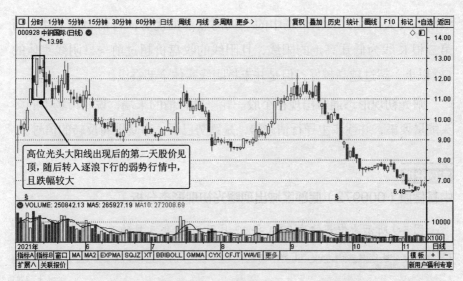

图 5-8　中钢国际 2021 年 5 月至 11 月的 K 线走势

从中钢国际后市的走势来看，在股价上涨后的高价位区域 K 线收出光头大阳线后，第二天股价创出 13.96 元的新高，收出带长上影线阴线，使得股价见顶回落，转入下跌趋势之中。这一轮下跌行情持续时间较长，跌幅较深，如果前期投资者没有发现光头大阳线发出的顶部信号而抛售持股，则将遭受重大亏损。

5.2　通过 K 线组合如何捕获买卖点

虽然单根 K 线能够发出买卖信号，但是不可否认的是，单根 K 线出现的偶然性较强，作为买卖信号准确性有时并不强。此时投资者可以利用 K 线组合，即两根及两根以上的 K 线组合形成的形态来研判市场行情的动向，准确性更强。

5.2.1　曙光初现形态

曙光初现由一阴一阳两根 K 线组合而成，第一根 K 线为继续下行的中阴线或大阴线，表示市场中的空头仍然占据优势，行情表现下跌，而第二根 K 线为低开高走的阳线，且阳线的收盘价超过前一日阴线实体的 1/2 以上，超过越高越好，但是并未将阴线实体全部吞没。

曙光初现形态通常出现在个股一轮下跌行情的末端，说明市场中的多头能量聚集，并逐步主导行情趋势，是跌势已尽，市场即将反转的信号。

实例分析

中基健康（000972）底部区域出现曙光初现形态分析

图 5-9 所示为中基健康 2021 年 12 月至 2022 年 5 月的 K 线走势。

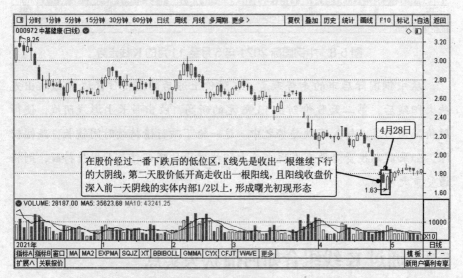

图 5-9　中基健康 2021 年 12 月至 2022 年 5 月的 K 线走势

从中基健康的 K 线走势可以看到，该股处于震荡下行的弱势行情中。股价像是坐上了"滑梯"一路下挫，当股价在 3 月底下行至 2.20 元价位线上时跌势减缓，并在该价位线上横盘整理。

但是整理行情并未持续较长时间，2022 年 4 月下旬，K 线连续收出下跌阴线，使得股价进一步下行至 1.80 元价位线上。4 月 28 日，股价继续下行，K 线收出一根大阴线，第二天股价却低开高走收出一根阳线，且阳线收盘价深入前一天阴线的实体内部 1/2 以上，并创出 1.63 元的新低。这一根阳线与前一根大阴线形成曙光初现形态。

曙光初现形态在股价经历一番下跌行情后的低位区域出现，说明在前面持续下行的弱势行情中，场内的空头动能基本释放完全，而此时场内的多头力量却不断聚集抢占优势，这是跌势结束，行情即将反转回升的信号。

图5-10所示为中基健康2022年5月至2023年2月的K线走势。

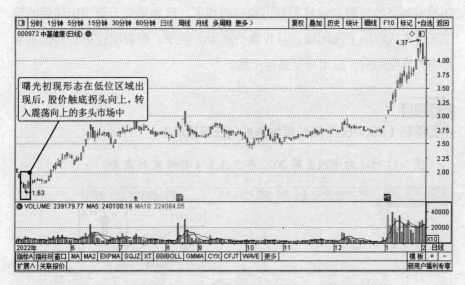

图5-10 中基健康2022年5月至2023年2月的K线走势

从中基健康后市的K线走势可以看到，曙光初现K线形态在低位区域形成后，股价触底回升转入波动上行的多头市场中。由此可见，下跌末期的曙光初现形态转势信号较强。

5.2.2 乌云盖顶形态

乌云盖顶是由一阳一阴两根K线组合而成的形态，第一根K线为继续向上拉升的中阳线或大阳线，表明市场继续走强，但第二天股价跳空高开低走，收出中阴线或大阴线，且阴线实体深入阳线实体的1/2以下，越深越好，但不能完全吞没。

乌云盖顶形态通常出现在股价上涨的高位区，前一天股价继续向上表现强势，第二天头顶上方却压来一团浓重的乌云，市场由晴转阴，说明暴风雨即将来临，是一个比较典型的顶部信号，预示股价极有可能见顶回落，转入下跌趋势中，场内的持股投资者应立即离场。

如果乌云盖顶形态出现后的第二天，K线继续收阴下跌，或者股价全天在阴线1/3以下位置弱势运行，可以进一步确认股价见顶信号的准确性，还没有离场的投资者最好不要再抱有幻想了。但如果乌云盖顶出现后的第二天，K线收出上涨阳线，且收盘价高于大阴线，则说明这里的乌云盖顶形态为诱空陷阱，后市可能继续上涨。

实例分析

中国医药（600056）高位区域形成乌云盖顶形态

图5-11所示为中国医药2022年2月至4月的K线走势。

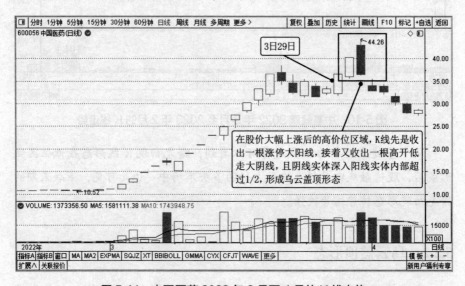

图5-11　中国医药2022年2月至4月的K线走势

从中国医药的K线走势可以看到，2022年3月，股价从10.00元价位线附近的低位区域开始向上放量拉升，个股表现出强势上涨行情。K线连续收出涨停线，股价快速向上攀升，短短十几个交易日的时间股价上涨至35.00元价位线附近，累计涨幅超250%。

随后股价涨势减缓，并围绕 35.00 元价位线上下横盘窄幅波动运行。3 月 29 日和 30 日，K 线连续收出两根涨停大阳线，使得股价进一步上涨至 40.00 元价位线附近，说明市场仍然处在强势行情之中。但 3 月 31 日，股价跳空高开低走收出一根大阴线，且阴线实体深入前一根阳线的实体内超过 1/2，形成乌云盖顶形态。说明在多空双方博弈中，空头逐渐聚集能量，占据绝对优势，为典型的见顶回落信号，后市看跌。

乌云盖顶形态出现后的第二天，股价向下跳空低开，K 线收出一根下跌阴线形成缺口，进一步确认了市场由强转弱信号的准确性。

图 5-12 所示为中国医药 2022 年 3 月至 9 月的 K 线走势。

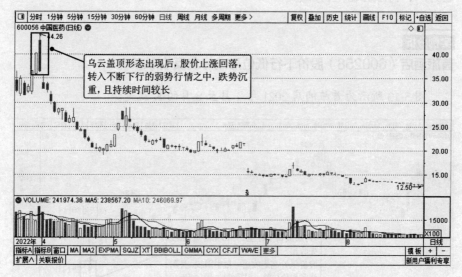

图 5-12 中国医药 2022 年 3 月至 9 月的 K 线走势

从中国医药后市的 K 线走势可以看到，当乌云盖顶形态在高价位区域出现后，股价见顶回落，该股转入不断震荡下行的弱势行情中。

5.2.3 好友反攻形态

好友反攻形态是由一阴一阳两根 K 线组合而成，K 线先收出一根大阴线或中阴线，次日低开收出一根中阳线或大阳线，且阳线收盘价与前一根阴线收盘价相同或者相近。

好友反攻形态中第一根下跌阴线是原本下跌趋势的延续，而第二根阳线的出现则说明在多空双方的博弈中，多方逐渐扭转局面，占据优势，预示股价即将企稳反弹回升。

需要注意的是，好友反攻可能出现在市场中的任何位置，只有出现在下跌趋势末期或上涨初期，才是阶段性底部信号。

好友反攻虽然是股价见底回升的信号，但其信号强度比曙光初现稍弱，所以投资者在下跌末期发现好友反攻形态时切忌盲目重仓买入，可以先轻仓介入，待涨势稳定再加仓。

实例分析

首旅酒店（600258）股价下行低位形成好友反攻形态

图 5-13 所示为首旅酒店 2021 年 4 月至 8 月的 K 线走势。

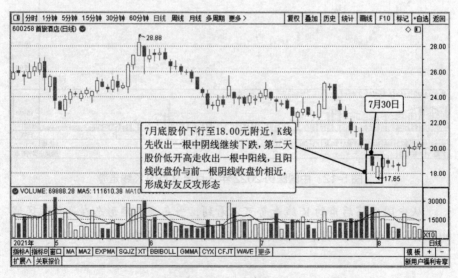

图 5-13　首旅酒店 2021 年 4 月至 8 月的 K 线走势

从图 5-13 中首旅酒店的 K 线走势可以看到，个股处于不断下行的弱势行情中，股价从相对高位处向下滑落。2021 年 7 月底，K 线连续收出下跌阴线，跌势沉重。7 月 30 日，K 线继续收出一根下跌大阴线，将股价拉低至 18.00 元价位线附近，但第二天股价低开高走收出一根大阳线，且阳线收盘价与前一根阴线收盘价相近，形成好友反攻形态。

好友反攻形态出现在个股经过一番下跌行情后的相对低位区域，说明在不断下行滑落的过程中，场内的空头动能释放殆尽，此时多头力量逐渐聚集，且在多空双方博弈中占据优势，后市极有可能转入多头市场，迎来一波上涨行情。

图 5-14 所示为首旅酒店 2021 年 8 月至 2022 年 1 月的 K 线走势。

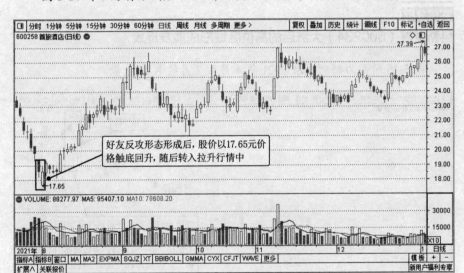

图 5-14　首旅酒店 2021 年 8 月至 2022 年 1 月的 K 线走势

从首旅酒店后市的 K 线走势情况可以看到，在股价下跌后的相对低位区 K 线形成好友反攻形态后，股价以 17.65 元触底止跌，几个交易日后，K 线收出连续上涨阳线，向上拉升股价，个股开启新一轮波动上涨行情。

5.2.4　淡友反攻形态

淡友反攻形态由一阳一阴两根 K 线组合而成，K 线先收出一根上涨中阳线或大阳线，紧接着第二天股价向上跳空高开，但最终收出一根中阴线或大阴线，且阴线收盘价与前一根阳线的收盘价相同或接近。

淡友反攻形态通常出现在市场经过较长时间上涨后的高价位区域，或者是连续大幅上涨行情后的高位，是一个顶部信号。它的出现说明场内的多头力量衰竭，股价继续向上拉升比较乏力。相反地，空头力量却逐渐增强，这一轮上涨趋势即将转变，后市可能立即拐头下行，或是短暂横盘后再下行。作为投资者，应在发现淡友反攻形态时便做好离场准备，及时锁定前期收益。

实例分析

科新发展（600234）大涨后的高位区域形成淡友反攻

图 5-15 所示为科新发展 2021 年 4 月至 7 月的 K 线走势。

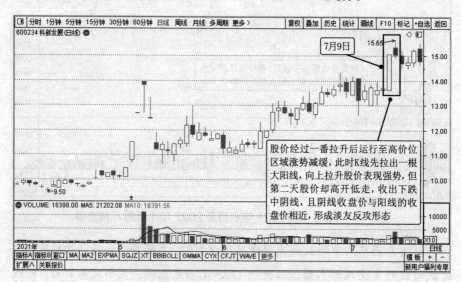

图 5-15　科新发展 2021 年 4 月至 7 月的 K 线走势

从科新发展的 K 线走势可以看到，个股处于震荡上行的强势行情中，股价从相对低位区域向上逐浪攀升。2021 年 6 月下旬，股价上行至 14.00 元价位线附近后涨势减缓，并在该价位线下方横盘整理运行。

2021 年 7 月 9 日，股价盘中强势拉升，直冲涨停板，最终以一根涨停大阳线报收，并将股价拉升至 15.00 元价位线上，强劲的涨势表明市场做多信号仍然强烈。第二天股价跳空高开，盘中向上拉升继续上冲，但很快便受到空头打击，拐头下行，最终一根中阴线报收，并创出近期新高。

仔细观察发现，这一根阴线的收盘价与前一根涨停大阳线的收盘价相近，两根K线形成淡友反攻形态，说明市场中的多空动能发生转变，市场由多头转入空头，股价极有可能在此位置见顶，后市看空。

图5-16所示为科新发展2021年6月至11月的K线走势。

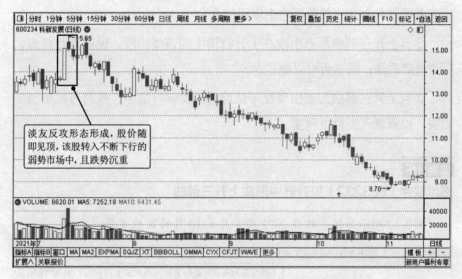

图5-16 科新发展2021年6月至11月的K线走势

从科新发展后市的K线走势可知，在股价大幅拉升后的高价位区域，K线形成淡友反攻形态，使得股价见顶止涨，继而转入逐浪下行的空头市场中。股价不断向下运行，且持续时间较长。如果场内的持股投资者在高位顶部区域没有发现淡友反攻形态发出的顶部信号，未及时离场，则将遭受重大的经济损失。

5.2.5 上升三部曲

上升三部曲是由五根K线组合而成的K线形态，先出现一根中阳线或大阳线，然后连续出现三根向下调整的阴线，但是这三根阴线并未跌破第一根阳线的最低点，最后再出现一根中阳线或大阳线，吃掉全部或大部分小阴线（指前面三根小阴线），整体形态有点类似英文字母"N"。

上升三部曲出现在上涨趋势中才具备市场意义，是股价继续上涨的信号。投资者不要被连续的下跌阴线影响，误以为三连阴出现市场走弱而做空。相反，上升三部曲形态出现说明多方在积蓄力量，伺机向上发起冲击。

①当上升三部曲形态出现在股价波动上升的途中，说明后市继续看多，投资者可以在上升三部曲形态出现后加仓。

②当上升三部曲形态出现在上升行情中的调整阶段，说明调整结束，后市继续看涨，投资者可以跟进。

③当上升三部曲形态出现在下跌趋势的反弹行情中，极有可能是诱多陷阱，投资者应当持币观望。

实例分析

格尔软件（603232）拉升途中形成上升三部曲

图 5-17 所示为格尔软件 2022 年 4 月至 10 月的 K 线走势。

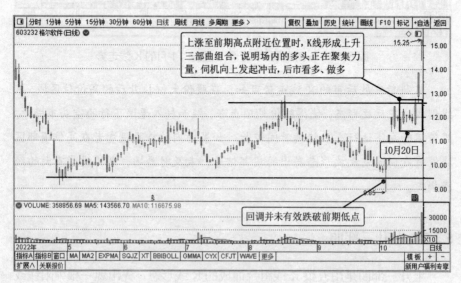

图 5-17 格尔软件 2022 年 4 月至 10 月的 K 线走势

从图 5-17 格尔软件的 K 线走势可以看到,该股前期经过一番下跌行情后,股价运行至 9.50 元价位线附近时止跌企稳,随后转入波动向上的拉升行情中。股价经过一段时间的上涨,在 2022 年 8 月中旬时运行至 12.50 元价位线附近止涨回落,当股价下行至前期低点附近时跌势减缓,虽然创出 8.85 元的新低,但未真正有效跌破前期低点,第二天便收出涨停大阳线向上拉升,说明这一轮上涨行情并未结束,市场仍然表现强势。

当股价上涨至前期高点 12.50 元价位线附近时再次遇阻止涨,并在 12.00 元价位线上横盘整理,很多投资者见此情况纷纷看空后市,认为上方压力过重,股价难以向上突破。

但其实仔细观察可以发现,在前期高点位置附近股价横盘整理的过程中,10 月 20 日 K 线先是拉出一根大阳线,随后连续收出三根下跌的小阴线,但是小阴线并未跌破前一根大阳线的最低点,最后 K 线再收出一根向上拉升的大阳线,一举吃掉前面三根下跌小阴线,形成上升三部曲形态。由此说明,场内的多头正在聚集力量向上突破,而并非遇阻转势,后市可以继续看多,投资者可以在上升三部曲形态形成时加仓跟进。

图 5-18 所示为格尔软件 2022 年 8 月至 11 月的 K 线走势。

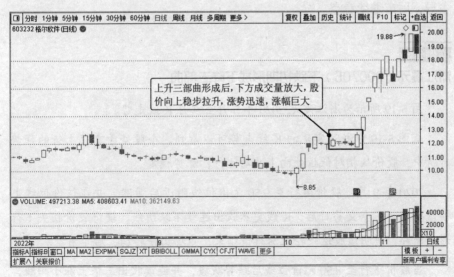

图 5-18　格尔软件 2022 年 8 月至 11 月的 K 线走势

从后市格尔软件的 K 线走势可以看到，上升三部曲形成后，下方成交量放大，带动股价上涨，K 线更是连续收出多根涨停阳线，使得股价在短短几个交易日的时间就运行至 18.00 元价位线附近，涨幅超 50%。如果投资者在上升三部曲形态位置跟进，则能在这一波上涨中获得不错的收益。

5.2.6　下降三部曲

下降三部曲也是由五根 K 线组合而成，先出现一根中阴线或大阴线，随后连续出现三根上涨小阳线，给投资者市场由弱走强的期待，然而，K 线最后以收出一根中阴线或大阴线结尾，且这一根阴线把前面三根阳线全部吞没。

需要注意，虽然中间连续三天（实际中可能不止三天）以小阳收盘，但是这些阳线最终都没有突破第一天的开盘价。

下降三部曲更多的是出现在下跌行情的初期，或者是股价下跌途中，是比较强烈的后市看跌信号，说明场内空头占据绝对优势，抛压过重，尽管多头想要向上发起反击，但是最终仍被空头打回，整个市场完全由空方主导，后市继续看空。

实例分析

浙江震元（000705）下跌初期形成下降三部曲

图 5-19 所示为浙江震元 2020 年 5 月至 9 月 K 线走势。

从图 5-19 中浙江震元的 K 线走势可以看到，个股处于震荡上行的强势行情中，股价从相对低位处向上波动运行，涨势稳定。

2020 年 9 月，股价运行至 9.50 元价位线附近后滞涨，并在该价位线上横盘整理，几个交易日后，K 线突然收出连续下跌阴线，使得股价拐头下行形成顶部，说明该股这一轮上涨行情结束，市场由强转弱，后市看空。

当股价下行至 8.50 元价位线后跌势减缓，并连续收出三根上涨小阳线，很多投资者便认为个股的上涨行情并未结束，此时的下跌只是上涨途中的回调，这三根上涨阳线说明回调结束，后市可以继续看涨。那么事实真是如此吗？

投资者仔细观察可以发现，9 月 10 日，K 线先拉出一根大阴线将股价下压至 8.50 元价位线上，随后连续收出三根上涨小阳线，但是这些阳线最终都没有突破前一根阴线的开盘价，且下方成交量并没有配合放大，最后 K 线再收出一根中阴线，且这一根阴线把前面三根小阳线全部吞没，这几根 K 线形成了下降三部曲形态。

下降三部曲出现在股价下跌行情的初期，是比较强烈的后市看空信号，投资者应尽快清仓离场，不要因为三根反弹小阳线而执着。

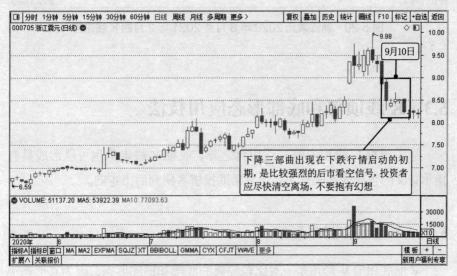

图 5-19　浙江震元 2020 年 5 月至 9 月 K 线走势

图 5-20 所示为浙江震元 2020 年 8 月至 2021 年 2 月的 K 线走势。

从图 5-20 浙江震元后市的 K 线走势来看，下降三部曲形态出现后，股价继续表现下跌行情，且跌势沉重，下跌过程中没有出现较大幅度的反弹行情。如果投资者前期没有及时离场，则将遭受重大的经济损失。

图 5-20　浙江震元 2020 年 8 月至 2021 年 2 月的 K 线走势

5.3　K 线顶部和底部形态应用技法

除了单根 K 线和多根 K 线组合之外，长期 K 线走势也可以形成具有指示意义的顶部或底部形态，能够帮助投资者研判后市走向。

5.3.1　V 形底和倒 V 形顶

V 形底和倒 V 形顶是一对比较经典的底部和顶部形态，因为其形态类似英文字母 V 而得名。

其中，V 形底也称作尖底，指的是股价先跌后涨的 K 线形态，常常出现在一段下跌行情的结尾部分，股价快速下挫至某一位置时又拐头向上。上涨和下跌之间没有整理过渡。

而倒 V 形顶与 V 形底完全相反，它是股价先快速拉升然后又急速下跌形成的头部形态，通常出现在股价上涨行情的尾声。

图 5-21 为 V 形底（左）和倒 V 形顶（右）示意图。

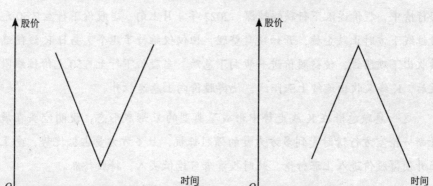

图 5-21　V 形底（左）和倒 V 形顶（右）示意图

V 形底和倒 V 形顶形态的特点在于形成时间较短，往往在几个交易日内便可以完成反转，所以能够形成比较尖锐的底部和顶部。

实例分析

安泰科技（000969）股价急跌急涨形成 V 形底

图 5-22 所示为安泰科技 2022 年 1 月至 8 月的 K 线走势。

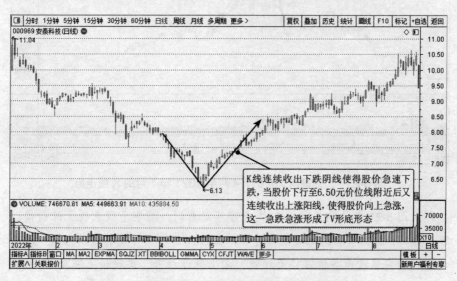

图 5-22　安泰科技 2022 年 1 月至 8 月的 K 线走势

　　从图 5-22 安泰科技的 K 线走势可以看到，股票前期处于震荡下行的弱势行情中，股价逐浪下行跌幅较深。2022 年 4 月上旬，当股价下行至 7.50 元价位线下方时止跌企稳，开始横盘整理，但仅仅维持了几个交易日 K 线便连续收出下跌阴线，使得股价进一步向下急跌。当股价下行至 6.50 元价位线附近后，K 线又收出连续上涨阳线，使得股价向上急速拉升。

　　这一急跌急涨在 K 线走势中形成了典型的 V 形底形态，说明空头在展开新一轮空方行情时受到多方力量的强烈抵抗，且多方力量占据优势，向上拉升使得股价进入上涨行情。此时投资者可逢低买入，持股待涨。

实例分析

贝瑞基因（000710）股价急涨急跌形成倒 V 形顶

　　图 5-23 所示为贝瑞基因 2020 年 4 月至 2021 年 1 月的 K 线走势。

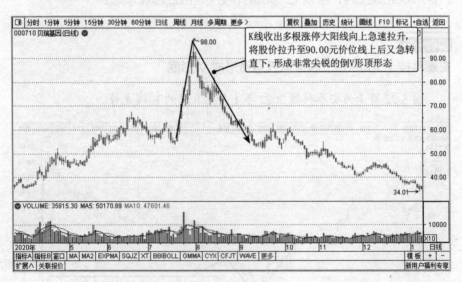

图 5-23　贝瑞基因 2020 年 4 月至 2021 年 1 月的 K 线走势

　　从图 5-23 中贝瑞基因的 K 线走势可以看到，前期个股表现上涨行情，涨势稳定，保持节奏向上缓慢拉升。但在 2020 年 7 月中旬，股价经过一段回调整理后突然收出多根涨停大阳线，向上急速拉升，当股价上涨至 90.00 元价位线上方后突然又拐头直下，在 K 线走势中形成了尖锐的倒 V 形顶形态。

此时投资者最好果断卖出，锁定前期收益。

从后市走势来看，倒 V 形顶形态形成后，个股转入下跌趋势之中，不断向下震荡运行，不仅跌速较快，跌幅也非常大。

5.3.2 双重底和双重顶

双重底和双重顶是比较特殊的两个反转形态，也常常被称为 W 底和 M 顶，图 5-24 为双重底（左）和双重顶（右）示意图。

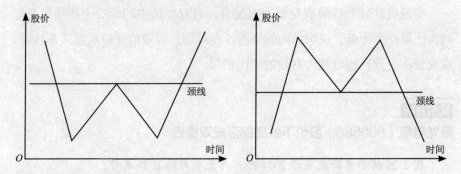

图 5-24 双重底（左）和双重顶（右）示意图

双重底形态是底部反转形态，是股价连续两次下跌至某一价位线时均受到支撑而形成的。双重底形态具有以下特征。

①在下跌趋势的尾声出现。

②由两个波谷形成，且两个波谷的最低点大致处于同一水平位置。

③股价第一次冲高回落后的顶点称为颈部，当股价放量突破颈线时，行情可能见底回升。如果向上突破颈线时没有量能配合放大，那么反转力度将大打折扣，可能存在诱多风险。

④在向上突破颈线后，常常会出现回抽，即股价止涨回踩颈线，进一步确认向上突破有效。

⑤双重底形态构筑的时间越长，后市股价向上拉升的效果就越好。

与双重底相反的双重顶形态是顶部反转形态，是由股价在上升趋势中连续两次上升至某一价位时遇阻回落形成的。双重顶形态具有以下特征。

①在股价经过一番上涨后的高位区出现。

②由两个波峰形成，且两个波峰的最高点大致处于同一水平位置。

③股价第一顶回落时的最低点为颈部，当第二个顶形成后，股价回落跌破颈线后，说明下跌行情启动，后市看空。

④股价跌破颈线后往往会有向上反抽的动作，并在颈线附近遇阻回落，从而确认向下跌破的有效性，只要反抽不高于颈线，形态依然有效。

⑤股价跌破颈线时成交量无须配合，且双重顶中的第二个高峰成交量通常比第一个为低，说明场内的买盘正在减弱。当股价跌破双重顶颈线时，成交量不上升，也可视为有效的卖出信号。

实例分析
卧龙电驱（600580）股价下跌底部形成双重底

图 5-25 所示为卧龙电驱 2021 年 3 月至 9 月的 K 线走势。

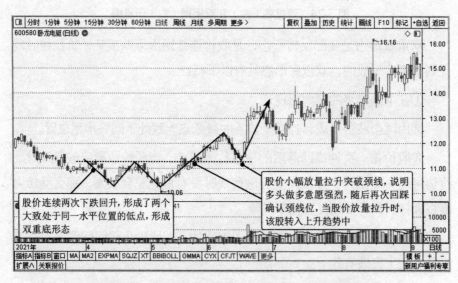

图 5-25　卧龙电驱 2021 年 3 月至 9 月的 K 线走势

从图 5-25 中卧龙电驱的 K 线走势可以看到，前期该股处于不断下行的弱势行情中。2021 年 4 月中旬，股价下行至 10.50 元价位线附近后止跌回升，但上涨并未持续较长时间，股价上行至 11.20 元价格附近时止涨回落，当股价再次回落至前期低点 10.50 元价位线附近时再次止跌回升。

股价连续两次的下跌回升形成了两个大致处于同一水平位置上的低点，形成双重底形态，说明场内的空头动能释放殆尽，后市极有可能止跌回升，转入多头市场中。

随后股价继续向上，当运行至双重底颈线位置附近时，下方成交量小幅放大，带动股价向上攀升，并向上突破颈线，说明新一轮上涨行情启动，投资者可以在此位置买入。

股价突破颈线后继续上涨，但几个交易日后便止涨回落，下行至双重底颈线位置时止跌企稳，说明前期颈线突破有效，接着下方成交量放大，促使股价向上攀升，上涨行情正式启动。前期不敢贸然入场的投资者此时买进就安全多了。

实例分析

国际医学（000516）股价高位区域形成双重顶

图 5-26 所示为国际医学 2021 年 3 月至 10 月的 K 线走势。

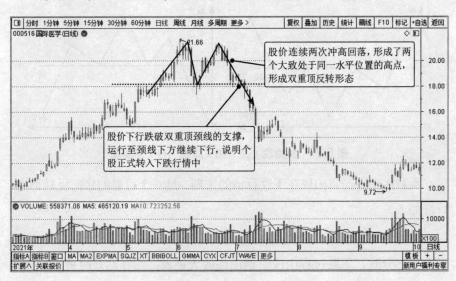

图 5-26　国际医学 2021 年 3 月至 10 月的 K 线走势

从图 5-26 中国际医学的 K 线走势可以看到，个股前期表现上涨行情，在成交量的配合下股价向上逐浪运行，涨势稳定。2021 年 6 月初，股价上涨至 21.00 元附近时止涨回落，但下跌仅仅维持了几个交易日，在运行至 18.00 元价位线上后便止跌回升，股价再次向上发起冲击，运行至 21.00 元价位线附近时遇阻回落。连续两次的冲高回落形成了两个大致处于同一水平位置上的高点，形成双重顶形态。

双重顶形态出现在个股经过一番拉升后的高价位区域，是比较可靠的顶部反转信号，说明场内多头力量衰竭，难以继续向上发起冲击，空头逐渐占领市场，后市看空。当双重顶第二个顶部形成时投资者就应清仓离场。

2021 年 7 月初，股价下行至双重顶颈线位置时，跌破颈线支撑而继续下行，说明个股的下跌行情正式启动，前期还对后市抱有幻想的投资者此时也要及时离场了。

5.3.3　头肩底和头肩顶

头肩底和头肩顶是实战中比较常用的一组反转形态，图 5-27 为头肩底（左）和头肩顶（右）示意图。

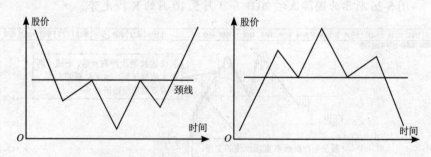

图 5-27　头肩底（左）和头肩顶（右）示意图

头肩底形态通常出现在下跌行情的末期，是一个可靠的底部反转形态，特征如下。

①股价下跌至某一价位线止跌反弹，形成第一个波谷，即左肩。在形成左肩部分时，下跌过程中成交量出现放大迹象，而在回升时成交量出现减少倾向。

②股价反弹回升至某一价位受阻再次下跌，并跌破了前一个低点，之后股价再次止跌反弹形成了第二个波谷，也就是头部。形成头部时，成交量会有所增加。

③股价再次反弹至第一次反弹的高点位置时受阻，又开始第三次下跌，但股价滑落到与第一个波谷低点相近的位置便止跌，此后股价再次反弹形成了第三个波谷，也就是右肩。第三次反弹时，成交量显著增加。

④个股第一次反弹的高点和第二次反弹的高点用直线连接起来就是头肩底形态的颈线，当股价第三次反弹向上突破颈线时，说明新一轮上涨行情启动，投资者可以在此位置跟进。

头肩顶形态与头肩底形态类似，只是方向相反，具体特征如下。

①个股处于上涨行情中，当股价上涨至某一价位线时止涨回落，形成第一个波峰，即左肩。

②股价回落至某一价位获得支撑止跌反弹，并向上突破前一个高点，之后股价再一次止涨回落，形成第二个波峰，即头肩顶的头部。

③股价再次回落，运行至前期低点附近时获得支撑止跌反弹，但股价再次上涨至第一个波峰高点相近的位置后便止涨回落，形成第三个波峰，即右肩。

④连接股价两次止跌反弹时形成的低点，形成头肩顶形态的颈线，当股价第三次止涨回落，向下跌破颈线支撑时，说明个股转入下跌趋势之中，后市看空。

⑤从成交量来看，左肩最大，头部次之，右肩成交量最小，即呈梯状递减。

实例分析

伊力特（600197）股价下跌低位区形成头肩底

图 5-28 所示为伊力特 2022 年 9 月至 2023 年 2 月的 K 线走势。

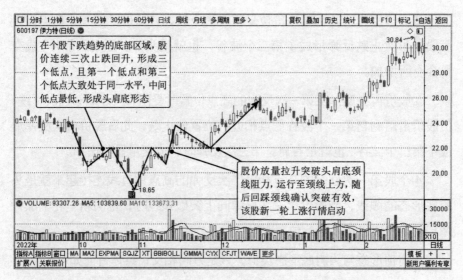

图 5-28　伊力特 2022 年 9 月至 2023 年 2 月的 K 线走势

从图 5-28 中伊力特的 K 线走势可以看到，前期该股经过一轮下跌行情运行至相对低位区域。

2022 年 10 月初，股价下行至 21.00 元价位线附近止跌回升，但股价反弹至 22.00 元价位线附近便止涨回落。这一次股价下跌运行至 20.00 元价位线下方，在创出 18.65 元的新低后止跌，反弹至前高点 22.00 元价位线附近便再次止涨回落。但这一次股价下行至第一个低点 21.00 元附近时便止跌了。

三次连续的止跌回升形成了三个低点，且左右两个低点大致处于同一水平位置，中间低点最低，形成头肩底形态。说明该股的这一轮下跌行情结束，场内多头力量逐渐聚集，后市即将转入上涨行情中。

2022 年 11 月中旬，股价放量拉升，向上突破头肩底颈线位置，运行至颈线上方，说明上涨行情启动，此时投资者可以买入跟进。

但股价仅仅上涨了几个交易日便止涨回踩颈线，回踩颈线不破进一步确认了突破有效，接着成交量再次放大，带动股价上涨，该股正式向上发起冲击。前期还在犹豫的投资者此时可以大胆买入，持股待涨。

实例分析

创兴资源（600193）股价高位区形成头肩顶

图 5-29 所示为创兴资源 2021 年 5 月至 2022 年 2 月的 K 线走势。

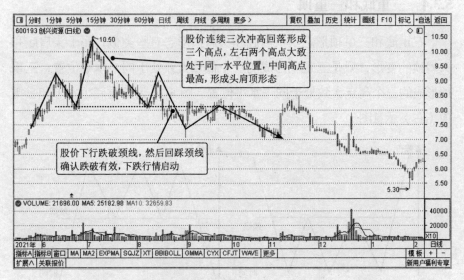

图 5-29　创兴资源 2021 年 5 月至 2022 年 2 月的 K 线走势

从图 5-29 中创兴资源的 K 线走势可以看到，前期该股处于不断向上攀升的上涨行情中。2021 年 6 月上旬，经过一番拉升，股价运行至 9.00 元价位线附近时遇阻回落，在下行至 8.00 元价位线附近时获得支撑止跌，再次向上发起冲击。这一次股价向上直线拉升，突破前期 9.00 元高点后攀升格至 10.00 元价位线上方并创出 10.50 元的新高，随后止涨回落。股价再次下行至前期低点 8.00 元附近时获得支撑止跌，又一次向上拉升。这一次股价上行至第一个高点 9.00 元附近便止涨回落。

连续三次的冲高回落形成了三个高点，且左右两个高点大致处于同一水平位置，中间的高点最高，形成头肩顶形态。说明在不断上涨拉升的过程中，多头力量消耗殆尽，后市即将迎来一波大幅下跌行情。头肩顶形态是股价转势信号，投资者在右肩形成之际即可离场，不要过多留恋。

2021 年 8 月中旬，股价第三次下跌至头肩顶颈线位置时跌破颈线，并运行至颈线下方，接着回抽颈线确认跌破有效，该股正式转入不断下行的弱势行情中。

5.3.4　三重底和三重顶

三重底和三重顶形态与头肩底和头肩顶形态有些类似，属于头肩底和头肩顶的变形，只是三重底形成的三个低点大致处于同一水平位置，三重顶形成的三个高点大致处于同一水平位置。图 5-30 为三重底（左）和三重顶（右）示意图。

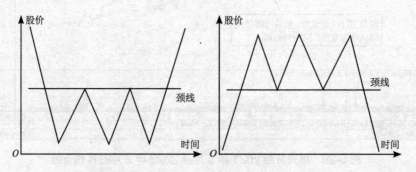

图 5-30　三重底（左）和三重顶（右）示意图

三重底形态出现在股价下跌之后的低位区域，在 K 线图中表现为股价经过三次探底形成了三个低点，且三个底部低点大致处在同一水平线上的走势。

但是，三重底的三个底部低点的间隔距离与时间不必相等，并且低点之间间隔的距离越大，后市上涨的空间就会越大。当股价放量向上突破颈线时，形态正式确定，投资者可以买入。

而三重顶形态与三重底形态相反，它通常出现在上升趋势中，股价上行至某一高点后下跌，随后又出现两次反弹，但每次反弹至前期高点附近时便遇阻回落，形成三重顶形态。

同样的，三重顶形态三个顶峰高点之间的间隔距离与时间不必相等，且三个高点也不必完全相等，大致上接近即可。当股价下行跌破三重顶颈线时顶部形成,个股转入下跌趋势中,投资者应立即离场。

实例分析

桂冠电力(600236)股价下跌低位区形成三重底

图 5-31 所示为桂冠电力 2022 年 1 月至 6 月的 K 线走势。

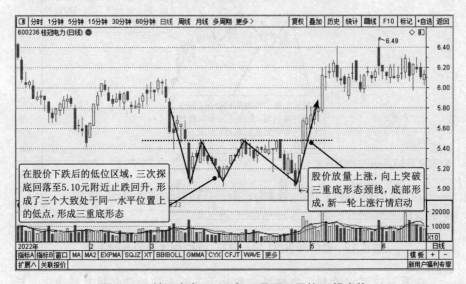

在股价下跌后的低位区域,三次探底回落至5.10元附近止跌回升,形成了三个大致处于同一水平位置上的低点,形成三重底形态

股价放量上涨,向上突破三重底形态颈线,底部形成,新一轮上涨行情启动

图 5-31 桂冠电力 2022 年 1 月至 6 月的 K 线走势

从图 5-31 中桂冠电力的 K 线走势可以看到,前期该股经过一番下跌行情后运行至相对低位区域。2022 年 3 月中旬,股价下跌至 5.10 元价位线附近止跌反弹,回升至 5.50 元附近便止涨回落,再次下行至前期低点 5.10 元附近止跌反弹,又一次回升至 5.50 元附近遇阻回落,随后股价第三次下跌至前期低点 5.10 元附近止跌反弹。

连续三次的下跌反弹形成了三个大致处于同一水平位置上的低点,形成三重底形态,说明这个区间对股价具有较强的支撑作用,股价极有可能在此筑底回升,转入上升行情中。

2022 年 4 月底,股价放量上涨再次上冲,并向上突破三重底颈线,运行至颈线上方,说明该股上涨行情启动,后市看涨。

实例分析

澳柯玛（600336）股价上涨高位区形成三重顶

图 5-32 所示为澳柯玛 2021 年 9 月至 2022 年 1 月的 K 线走势。

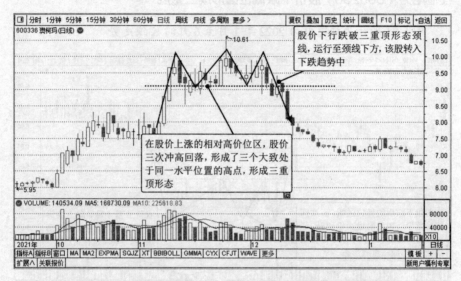

图 5-32　澳柯玛 2021 年 9 月至 2022 年 1 月的 K 线走势

从图 5-32 可以看到，澳柯玛前期处于不断上涨的强势拉升行情中，股价经过一番上涨后运行至相对高位区域。2021 年 11 月，股价向上冲高运行至 10.00 元价位线附近时遇阻回落，跌至 9.00 元价位线附近获得支撑止跌，再次向上发起冲击，但上涨至前期高点 10.00 元附近便再次遇阻回落，又一次跌至前期低点 9.00 元获得支撑止跌，接着股价第三次向上冲高，上涨至前期高点 10.00 元附近又一次遇阻回落。三次连续的冲高回落形成了三个大致处于同一水平位置的高点，形成三重顶形态，说明 10.00 元价位线上方存在较大压力，场内多头力量逐渐减弱难以向上突破，后市看跌。

2021 年 12 月上旬，股价第三次回落时跌破三重顶颈线，运行至颈线下方，该股转入下跌行情中。

第 6 章

借助技术指标轻松把握股市变化

    技术指标是按照一定的统计方法，并运用一定的计算公式生成的指标值或是图形曲线，能够帮助投资者分析股价的走势变化，是投资者股市投资的重要工具。目前，市场中的技术指标种类丰富，主要指标就有上百种，大致上可以分为趋势指标、摆动指标、能量指标等，本章主要介绍实际投资中常用的几种指标的使用方法。

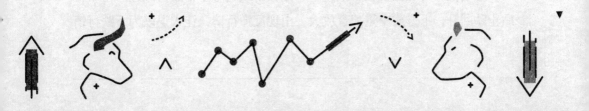

6.1 从量价关系的变化中找买卖机会

成交量是股价上涨的原动力，没有成交量支撑的上涨是虚涨，往往维持不了多久。简言之，股市中股价的有效变动都必须要有成交量的配合，包括放大、缩小。作为投资者，可以从成交量入手，根据成交量与股价之间的关系变化情况，找到市场中的买卖投资机会。

6.1.1 量增价涨

量增价涨指成交量放大的同时股价上行，是一种比较正常的量价关系，说明股价上涨得到了成交量的支持，市场中投资者买卖情绪高涨，后市继续看涨。

量增价涨可能出现在股市中的任何位置，且具有不同的市场意义。

①当量增价涨出现在股价止跌企稳拐头上行的上涨行情初期，说明场内的多头力量聚集，并向上发起冲击，个股转入上涨行情中，后市看涨。

②当量增价涨出现在股价上涨的途中，说明场外资金不断流入市场，纷纷看好个股后市走势，后市继续看涨。

③当量增价涨出现在股价经过一番大幅拉升后的高价位区域，说明股价经过一段拉升运行至相对高位后，继续向上发起冲击，且伴随着大量的成交量，表面上是继续做多拉升股价渴望更高位置，但实际上是诱多陷阱，主力可能存在高位出货嫌疑。投资者不要贸然追高，以场外观望为主。

④当量增价涨出现在下跌行情的初期时，股价在高位见顶回落，但跌至某一价位便止跌重回升势，且下方成交量配合放大，给人以股价没有见顶而是高位回调的假象。实际上可能是主力出货未完成，量增价涨为诱多陷阱，后市继续看空。

⑤当量增价涨出现在下跌途中，即在下跌趋势中，股价经过一番下行后止跌回升，下方成交量配合放大，出现反弹行情，让人误以为下跌行情

结束，个股成功转势。这时查看成交量，如果成交量不能持续性地配合放大，那么反弹行情将结束，后市继续看跌，投资者以场外持币观望为主。

⑥当量增价涨出现在下跌行情的末期，说明场内的多头正在试探市场，但个股是否止跌企稳还需要进一步确认，因此，投资者不宜贸然入场。

实例分析

兴发集团（600141）量增价涨关系变化分析

图 6-1 所示为兴发集团 2021 年 6 月至 10 月的 K 线走势。

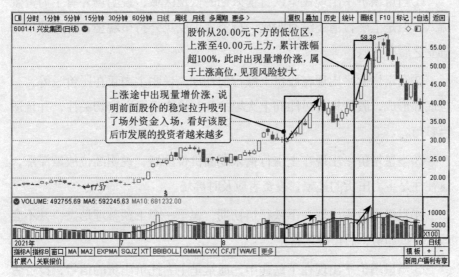

股价从20.00元下方的低位区，上涨至40.00元上方，累计涨幅超100%，此时出现量增价涨，属于上涨高位，见顶风险较大

上涨途中出现量增价涨，说明前面股价的稳定拉升吸引了场外资金入场，看好该股后市发展的投资者越来越多

图 6-1　兴发集团 2021 年 6 月至 10 月的 K 线走势

从图 6-1 中兴发集团的 K 线走势可以看到，个股从 20.00 元下方的相对低位区向上发起冲击，转入上涨行情中。2021 年 8 月中旬，股价上涨至 32.50 元附近后止涨回调，几个交易日后再次拐头向上，下方成交量配合放大，说明经过前期股价的稳定攀升，累计的较大涨幅吸引了场外投资者追涨，纷纷看好该股后市发展，后市继续看多。

股价上行至 40.00 元价位线附近后止涨，回调至 35.00 元价位线后企稳，接着股价再次向上发起冲击，K 线多次收出上涨大阳线，下方成交量配合放大。仔细观察发现，此时价位相对较高，距离起涨点较远，累计涨幅已超

100%，存在见顶风险，该股可能已经进入上涨行情末期。因此，投资者不宜贸然追涨，恐高位接盘。

6.1.2　量增价平

量增价平是指成交量放大的同时股价却基本持平，即股价在一个小范围内窄幅波动，没有随着成交量的放大而随之上涨，是一种量价背离的状态。量增价平可能出现在市场中的多个位置，具体如下。

①当量增价平出现在下跌行情末期的低位区域，说明场外有主力资金流入，但是上涨行情还没有明确，投资者可以场外持币观望，待底部形态确立之后再介入。

②当量增价平出现在股价上涨行情初期，说明主力正在压价吸筹，一旦底部形成，股价极有可能向上大幅拉升，投资者可以密切关注，并且适当参与。

③当量增价平出现在上涨行情末期高价位区域，说明高位放量滞涨，这往往是主力出货的迹象，投资者应及时离场。

④当量增价平出现在下跌行情初期，属于一个下跌整理形态，并不会改变下跌趋势，后市继续看空。

⑤当量增价平出现在下跌途中，通常是主力托价出货的信号，投资者应出局观望。

在利用"量增价平"量价关系做股市行情分析时需要注意两点，一是量增价平对持续时间长度要求并不高，既可以只有两三天，也可以有几周；二是下方的成交量增加，可以是温和放量增加，也可以是突然急剧增加。

实例分析

华阳新材（600281）量增价平关系变化分析

图 6-2 所示为华阳新材 2021 年 6 月至 11 月的 K 线走势。

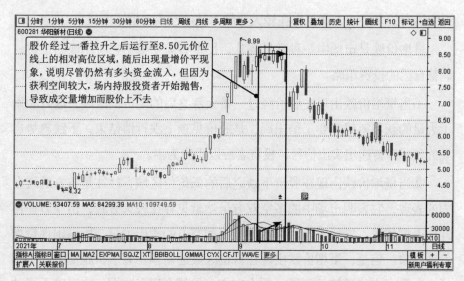

图 6-2　华阳新材 2021 年 6 月至 11 月的 K 线走势

从图 6-2 中华阳新材的 K 线走势可以看到，该股前期处于多头上涨行情中，从相对低位处不断向上震荡运行。2021 年 9 月上旬，股价上涨至 8.50 元价位线附近的相对高位区域后滞涨横盘整理运行，与此同时，查看下方成交量，发现成交量表现温和放量，进而形成量增价平现象。

在股价经过一番大幅拉升后的高价位区域出现量增价平，说明尽管场内仍然有多头资金涌入，对该股的后市走势抱有期望，但是因为前面的大幅拉升出现了较大的获利空间，不少空头出于套现了结的需求而纷纷抛售持股，导致股票会出现成交量增大而价格上不去的现象。

此时价格已经非常高了，且距离起涨点较远，累计涨幅超过 100%，存在见顶风险，所以，场外投资者不宜贸然追涨入场。场内的持股投资者可以试着减仓。如果下方成交量不能持续性地放大向上推动股价，那么股价极有可能见顶回落，此时投资者就要注意清仓离场。

6.1.3　量增价跌

量增价跌是指成交量放大的同时股价不涨反跌的一种量价背离现象，

说明场内的多空双方意见存在较大分歧，其中空头占据了上风。

量增价跌是市场中一种常见现象，投资者需要根据它所出现的位置，调整自己的投资策略。

①当量增价跌出现在股价经过一番大涨之后的高价位区域，盘内积累了大量的获利筹码想要了结出局，是股价见顶上涨行情结束，下跌趋势启动的预示，传递出卖出信号，投资者应以卖出为主。

②当量增价跌出现在股价下跌之后的低价位区域，往往是空方继续发力的表现，它表明市场中的多空双方虽然意见存在较大分歧，但空方在博弈中占据优势，导致多方的买入力量不如空方的卖出力量，所以出现量增价跌现象。但是，量增价跌出现在低位区域通常预示着股价距离底部不远了，如果多方能够持续保持，那么空方力量便会逐渐减弱，直至跌无可跌的情况出现。因此，投资者应保持场外观望，当量增价跌之后，成交量不断增加，股价重心不断上移时，可以适量买入。

③当量增价跌出现在下跌初期或途中，说明场内的卖压非常沉重，后市股价将继续表现下跌，投资者不要贸然入场。

④当量增价跌出现在股价上涨途中，且持续的时间较短，可以视为股价上涨途中的正常调整，一旦整理结束，后市将继续之前的上涨行情。

实例分析
中直股份（600038）量增价跌关系变化分析

图6-3所示为中直股份2021年10月至2022年3月的K线走势。

从图6-3中直股份的K线走势可以看到，前期该股处于不断震荡上行的强势拉升行情之中。2021年12月底，经过一段时间的波动上行之后，股价运行至80.00元上方的相对高位处，并在创出84.28元的近期新高后止涨回落，此时查看下方的成交量，发现在股价下行的过程中成交量却在放大，呈现量增价跌的背离现象。

因为此时距离起涨点较远，累计涨幅较大，盘内积累了大量的获利筹码，此时量增价跌极有可能是获利盘看到股价上涨至高位区域后缺乏继续上涨的动力，下方成交量不能持续性放大支持股价继续向上拉升，进而纷纷抛售持股获利了结出局，是股价见顶信号。此时投资者应顺势离场，落袋为安。

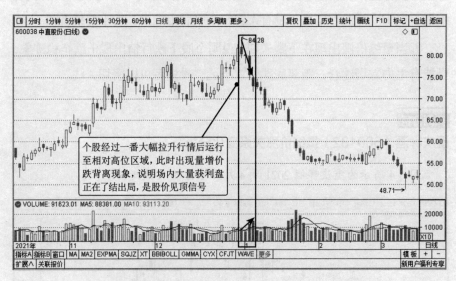

图 6-3　中直股份 2021 年 10 月至 2022 年 3 月的 K 线走势

6.1.4　量缩价涨

量缩价涨是指在成交量不断萎缩的过程中，上方股价却在不断向上创出新高，形成的一种量价背离现象。量缩价涨可能出现在股市中的不同阶段，投资者需要结合个股的实际情况来做具体判断。

①当量缩价涨出现在个股上涨行情的初期，说明主力建仓完毕，且高度控股，个股后市可能迎来一轮上涨行情。

②当量缩价涨出现在上涨途中，说明主力筹码比较稳定，控盘程度较高，后市仍然继续看涨，但是上涨幅度可能有限。

③当量缩价涨出现在上涨末期，说明市场中观望气氛浓厚，高位量价背离往往是股价见顶信号，投资者应尽快离场。

④当量缩价涨出现在下跌初期，股价头部形成，多头再也无力上攻，

空头占据绝对优势，后市股价将继续下行。

⑤当量缩价涨出现在下跌途中，即股价表现下行，当下行至某一价位时获得支撑止跌反弹，但反弹回升的过程中成交量并未伴随放大，而表现缩量，说明反弹遇到压力，没有人看好个股后市走向，后市继续看跌。

⑥当量缩价涨出现在下跌末期，说明个股下跌行情出现止跌企稳迹象，可能有主力入场建仓，距离底部位置不远，投资者可以密切关注。

实例分析
重庆啤酒（600132）量缩价涨关系变化分析

图6-4所示为重庆啤酒2021年4月至9月的K线走势。

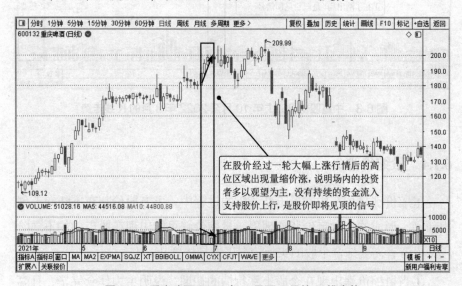

图6-4　重庆啤酒2021年4月至9月的K线走势

从图6-4中重庆啤酒的K线走势可以看到，前期该股处于逐浪上行的强势拉升行情之中。经过一段时间的上涨之后，2021年5月，股价运行至170.00元价位线附近涨势减缓，并在该价位线上横盘整理运行。此时距离起涨点已经较远，场内积累了大量的获利筹码，存在见顶风险。

在2021年6月下旬时，K线突然连续收出多根上涨阳线向上拉升股价，使得股价向上突破 180.00 元价位线的同时，还将股价进一步拉升至 200.00 元价位线附近。但此时查看下方的成交量，却发现在股价进一步上涨时下方成交量并没有配合放大，而是逐渐缩小，形成量缩价涨现象。说明大部分的投资者并不看好该股的后市走向，以观望为主，所以，没有持续性的资金流入支撑股价的继续上涨，是股价即将见顶回落的信号，持股投资者应尽快抛售离场。

6.1.5　量缩价平

量缩价平是指下方成交量逐渐萎缩，而上方的股价却基本维持不变，或保持在一个小范围内窄幅波动的量价关系。同样的，量缩价平可能出现在市场中的各个阶段，且不同阶段具有不同的市场意义。

①当量缩价平出现在股价上涨初期，说明场内买盘不足，上涨乏力，后市走向不明，行情可能止涨下跌，即个股的上涨行情还未正式确认，此时投资者应以场外观望为主。

②当量缩价平出现在股价上涨途中，说明场内的多空双方暂时形成一种平衡状态，由于个股正处于明显的上升趋势之中，所以没有其他因素的影响，个股上涨趋势将延续，后市可继续看涨。

③当量缩价平出现在股价上涨末期，说明场内做多意愿不强，动力不足，上涨走势可能即将结束，行情转入下跌走势的可能性较大。

④当量缩价平出现在股价下跌初期，说明多头无意向上反攻，后市通常继续看空。

⑤当量缩价平出现在股价下跌末期，说明市场空方的力量衰竭难以继续下行，此时已经距离底部不远。投资者可以场外观望，并少量建仓。

实例分析

亨通光电（600487）量缩价平关系变化分析

图 6-5 所示为亨通光电 2022 年 3 月至 7 月的 K 线走势。

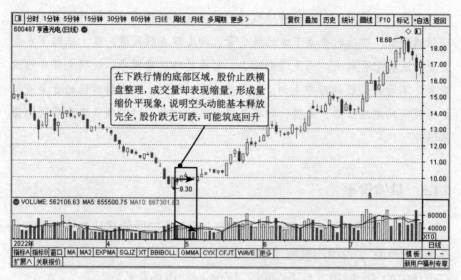

图6-5 亨通光电2022年3月至7月的K线走势

从亨通光电的K线走势可以看到，前期该股处于不断震荡下行的弱势行情之中。2022年4月下旬，股价经过一番下跌运行至10.00元价位线上的相对低位区域时止跌企稳，并创出9.30元的最低价后，该股围绕10.00元价位线上下窄幅波动，呈现出横盘整理走势，与此同时，下方的成交量却表现缩量，形成量缩价平现象。

量缩价平出现在股价经历一轮大幅下跌行情后的低位区域，说明经过连续的下跌，场内的空头动能基本释放完全，股价已经跌至底部区域，难以继续下跌，后市可能筑底回升，转入新一轮上涨行情中。此时投资者可以持币观望，待股价放量上涨，确认趋势逆转时买入。

6.1.6 量缩价跌

量缩价跌指成交量萎缩减少的同时个股股价表现下跌，是一种量价配合现象。量缩价跌是一种比较常见的量价现象，量能与股价同步下行，说明场内空头占据绝对优势，多头力量薄弱，难以扭转局面。量缩价跌可能出现在市场多个阶段，且具有不同市场意义。

①当量缩价跌出现在股价大幅拉升之后的上涨末期或者下跌行情初期，说明个股原来的上升趋势发生逆转，由强转弱，多方的力量被空方消耗，是比较典型的卖出信号。

②当量缩价跌出现在股价下行途中，往往是股价反弹回升失败的特征，后市继续看跌，底部遥遥无期。

③当量缩价跌出现在股价上涨途中，说明个股在上涨过程中遇阻回调，当成交量再次放量股价上涨时，将继续表现之前的上涨行情。

实例分析

浙数文化（600633）量缩价跌关系变化分析

图 6-6 所示为浙数文化 2022 年 9 月至 2023 年 4 月的 K 线走势。

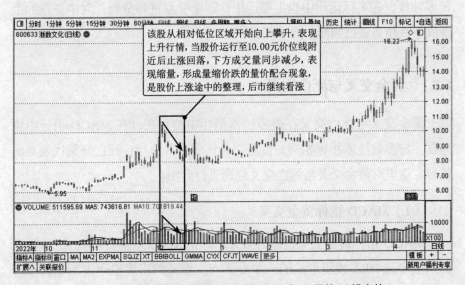

该股从相对低位区域开始向上攀升，表现上升行情，当股价运行至 10.00 元价位线附近后止涨回落，下方成交量同步减少，表现缩量，形成量缩价跌的量价配合现象，是股价上涨途中的整理，后市继续看涨

图 6-6　浙数文化 2022 年 9 月至 2023 年 4 月的 K 线走势

从图 6-6 中可以看到，浙数文化处于上升趋势之中，股价从相对低位处向上波动运行。2021 年 12 月初，股价上行至 10.00 元价位线后止涨回落，下方成交量同步减少，形成量缩价跌现象。

因为此时距离起涨点较近，盘内累计涨幅并不大，股价见顶可能性较低。

此外，股价止涨回落幅度并不深，很快便在 8.00 元价位线位置止跌企稳，说明该股的上升趋势并未发生改变，后市股价继续向上拉升，表现上涨的可能性较大。投资者可以在股价向上有效突破 10.00 元位置时重新买入跟进。

6.2　看清 MACD 指标找准买卖点

MACD 指标也被称为指数平滑异同移动平均线，由双移动平均线发展而来。它是通过短期移动平均线与长期移动平均线之间的聚合与分离状况，对买进、卖出时机作出研判的技术指标。

MACD 指标由四个重要元素组成：DIF 线、DEA 线、MACD 柱状线和零轴线，在实际运用中也主要运用这四个要素进行分析，对中长期的上涨或下跌趋势进行判断，寻求买卖机会。

6.2.1　黄金交叉与死亡交叉

黄金交叉与死亡交叉在很多技术指标中都存在，在 MACD 指标中也存在。与多数技术指标相同，黄金交叉代表买入信号，死亡交叉代表卖出信号。这里对黄金交叉与死亡交叉分别进行介绍。

（1）MACD 指标黄金交叉

MACD 指标黄金交叉也称为金叉，是指 MACD 指标中的 DIF 线从下方向上穿过 DEA 线所形成的一个交叉点。金叉的出现说明市场中的多方力量聚集，逐渐占据主导地位，是一种买入信号。根据 MACD 金叉出现的位置不同，可以分为低位金叉、零轴金叉和高位金叉。

①低位金叉是指出现在零轴下方的金叉，指股价下跌到一定程度，出现的一次小反弹，回升幅度较小。如果没有其他指标配合支持，投资者不宜买入，应以观望为主。

②零轴金叉是指靠近零轴上方或者下方形成的金叉，在多空较量中，多方不断增加，导致调整行情结束，上涨行情即将开启，投资者可以买入跟进。

③高位金叉是指在零轴上方且距离零轴较远的区域出现的金叉。高位金叉通常出现在股价上涨一段时间后的回调走势中，说明回调已经结束，将再度延续前期的上涨趋势，但上涨幅度一般小于低位金叉的上涨幅度，投资者可以在此位置少量加仓。

实例分析

通化东宝（600867）MACD 低位金叉和零轴金叉分析

图 6-7 所示为通化东宝 2022 年 9 月至 2023 年 3 月的 K 线走势。

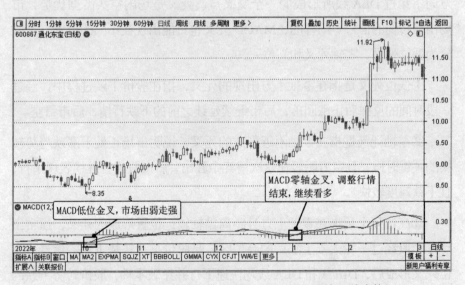

图 6-7　通化东宝 2022 年 9 月至 2023 年 3 月的 K 线走势

从图 6-7 中通化东宝的 K 线走势可以看到，前期该股处于不断下行的弱势行情中，MACD 指标同步在零轴下方的弱势区域内波动运行。2022 年 9 月下旬，股价跌至 8.50 元价位线上后止跌企稳，并在该价位线上横盘整理，此时查看 MACD 指标，发现在零轴下方 DIF 线拐头向上穿过 DEA 线形成低位金叉，说明场内的空头动能在连续的下跌中，不断被消耗殆尽，多头力量却逐渐聚集，并占据优势，股价可能筑底回升，迎来一波上涨行情。

随后该股开始由弱走强，转入新一轮上涨行情中，股价从 8.50 元价位线附近的相对低位处向上波动运行。2022 年 12 月中旬，股价上涨至 9.50 元价位线附近后止涨下跌，但此次下跌幅度并不深，股价滑落至 9.00 元价位线上便止跌企稳，横盘整理。此时查看 MACD 指标，发现在股价止涨回落的过程中，DIF 线和 DEA 线也拐头下行，并运行至零轴线上，接着 DIF 线再次拐头向上穿过 DEA 线，形成零轴金叉。说明股价这一波回调整理结束，该股的上涨趋势并未发生改变，后市继续看多，投资者可以在此位置加仓买入。

（2）MACD 指标死亡交叉

MACD 指标死亡交叉简称为死叉，是指 MACD 指标中的 DIF 线从上方向下穿过 DEA 线所形成的一个交叉点。死叉是场内空头占据优势，市场由强转弱的信号。同样的，MACD 死叉也可能出现在不同的位置，可以分为低位死叉、零轴死叉和高位死叉。

①低位死叉是指在零轴下方出现的死叉，指在股价下跌过程中，经过一段时间的反弹后止涨回落，后市继续延续之前的下跌行情，后市看空。

②零轴死叉是指在零轴附近形成的死叉，说明市场正处于涨跌趋势转换的关键时候，且空方明显在这次博弈中胜出，后市股价将继续表现下行，且下跌速度较快。

③高位死叉是指在零轴上方且距离零轴较远位置形成的死叉，通常出现在个股经过一轮大幅上涨后的高位区，是股价见顶转势下跌的信号。高位死叉形成后，DIF 线和 DEA 线均快速下行并穿破零轴，股价转势下跌的可能性越大。

实例分析

杉杉股份（600884）MACD 高位死叉和零轴死叉分析

图 6-8 所示为杉杉股份 2021 年 10 月至 2022 年 4 月的 K 线走势。

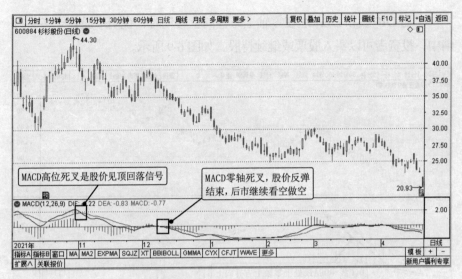

图 6-8 杉杉股份 2021 年 10 月至 2022 年 4 月的 K 线走势

从杉杉股份的 K 线走势可以看到，2021 年 10 月底，股价上涨至 40.00 元价位线上方创出 44.30 元的新高后止涨回落，出现见顶迹象。此时查看下方的 MACD 指标，发现在零轴上方 DIF 线拐头自上而下穿过 DEA 线形成高位死叉，且死叉出现后 DIF 线和 DEA 线均快速下行，说明在前期的拉升行情中多头力量逐渐衰竭，空头力量抢占优势，该股转入空头市场，后市即将迎来一波下跌行情。

随后股价波动下行表现下跌，2021 年 11 月底，股价下行至 35.00 元价位线上后止跌反弹，开启一波反弹行情。但是，这一波反弹并未持续较长时间，当股价上涨至 39.00 元附近后便止涨下跌，此时查看 MACD 指标，发现在零轴上方 DIF 线自上而下穿过 DEA 线形成零轴死叉，说明反弹行情结束，场内空头力量强劲，后市继续表现之前的下跌行情。

6.2.2　DIF 线和 DEA 线的值与位置

MACD 指标中的 DIF 线和 DEA 线是非常重要的指示线，具有重要的指示意义，在 MACD 指标中应用比较广泛。其中，DIF 线和 DEA 线的值及位置的应用最常见。

①当 DIF 线和 DEA 线在零轴上方并向上移动时，说明个股处于多头行情中，投资者可以买入股票或继续持股，如图 6-9 所示。

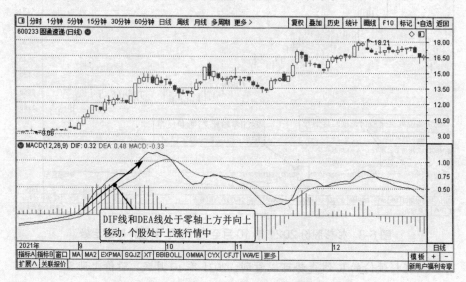

图 6-9　DIF 线和 DEA 线在零轴上方并向上移动

②当 DIF 线和 DEA 线处于零轴下方并向下移动时，一般表示个股处于空头行情中，投资者可以卖出股票或持币观望，如图 6-10 所示。

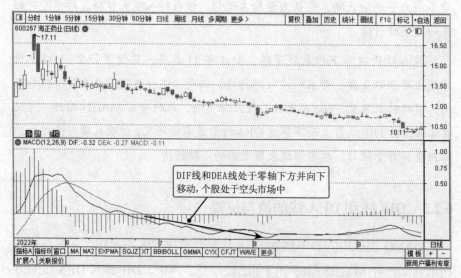

图 6-10　DIF 线和 DEA 线在零轴下方并向下移动

③当 DIF 线和 DEA 线处于零轴上方但都向下移动时，一般表示个股行情处于退潮阶段，股价将下跌，投资者可以卖出股票或持币观望，如图 6-11 所示。

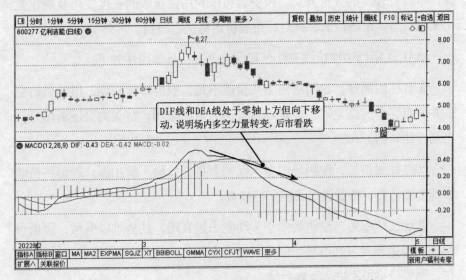

图 6-11　DIF 线和 DEA 线处于零轴上方但都向下移动

④当 DIF 线和 DEA 线处于零轴下方但都向上移动时，预示上涨行情即将启动，股价将向上拉升，投资者可以买进股票，如图 6-12 所示。

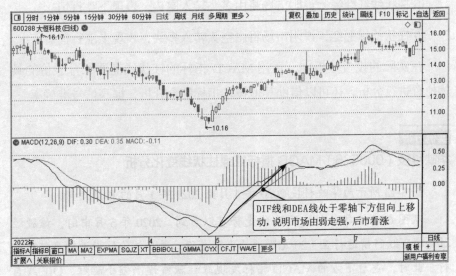

图 6-12　DIF 线和 DEA 线处于零轴下方但都向上移动

6.2.3　MACD 指标红绿柱应用

MACD 指标中的 MACD 柱状线是多空力量情况的体现，在实际投资操作中具有较高的分析意义，投资者可以利用柱状线的长度变化及颜色变化来判断当前市场行情，并对后市股价走势进行研判。

MACD 指标中柱状线有红色和绿色之分，具体用法如下。

①红柱线缩短，说明场内多头量能不足，股价即将回调，虽然目前空头并没有完全占据主导，但是随着多头力量的减弱，空头力量逐渐增强，市场可能转弱。

②红柱线加长，说明场内多头动能聚集，力量不断加强，股价将持续表现上涨行情，持股投资者应坚持持有。

③绿柱线缩短，说明场内空头动能力量衰竭，跌势难以继续，股价可能止跌企稳转入多头市场。但是经常会出现伪信号，一旦绿色柱线再次加长，则股价将再次进入下跌行情。

④绿柱线加长，说明场内空头力量逐渐加强，多头毫无反击之力，股价将继续表现下跌。

⑤柱状线红翻绿，说明市场将由多头转入空头，表现下跌行情。

⑥柱状线绿翻红，说明市场将由空头转入多头，表现上涨行情。

在实际的投资分析中，运用 MACD 指标的柱状线需要结合股价的具体位置进行分析，还可以借助其他技术指标综合分析，提高信号准确率。

实例分析

华映科技（000536）MACD 指标红绿柱状线变化分析

图 6-13 所示为华映科技 2020 年 4 月至 2021 年 1 月的 K 线走势。

从图 6-13 中华映科技的 K 线走势可以看到，2020 年 5 月中旬，该股经过一轮下跌行情运行至 1.20 元附近后止跌企稳，并在该价位附近横盘整理运行。此时，查看下方的 MACD 指标发现绿柱状线逐渐缩小翻红，DIF 线自

下而上穿过 DEA 线形成低位金叉。鉴于此，说明场内的空头动能在连续的
下跌行情中逐渐被消耗殆尽，多头力量却逐渐聚集，后市看多。

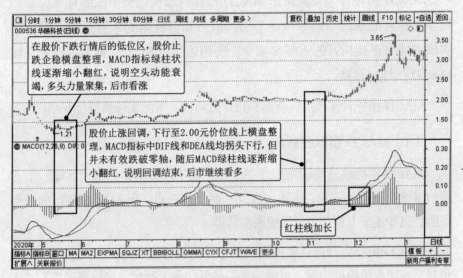

图 6-13　华映科技 2020 年 4 月至 2021 年 1 月的 K 线走势

随后该股转入波动上行的拉升行情之中，MACD 指标中 DIF 线和 DEA
线上穿零轴，并在零轴上方的强势区域波动运行。2020 年 8 月下旬，股价上
涨至 2.25 元附近时止涨下跌，但跌幅并不深，股价下行至 2.00 元价位线上
便止跌企稳，并在该价位线上横盘整理运行。

查看下方 MACD 指标发现，在股价止涨下跌的过程中，MACD 标中
DIF 线和 DEA 线纷纷拐头下行，但并未有效跌破零轴，仍然运行在零轴上方，
说明虽然空头占据优势表现下跌，但是该股的上涨趋势并未发生改变，后市
仍然看涨。2020 年 11 月初，MACD 指标绿柱线逐渐缩小翻红，说明该股这
一波调整行情结束，后市将延续之前的上涨行情，投资者可以在此位置加仓
买进。

2020 年 11 月上旬，股价回调整理结束后继续向上攀升，涨势迅速，下
方 MACD 指标红柱线加长，说明场内的多头力量不断加强，股价将表现持
续上涨。

6.2.4　MACD 指标背离现象

MACD 指标背离现象是指 MACD 指标与股价走势形成的背离现象，是非常经典的底部形态和顶部形态。虽然知道背离的人有很多，但是在实战中能真正运用好的人却非常少。要想运用好 MACD 背离，需要了解 MACD 指标的背离。

MACD 指标背离包括底背离和顶背离两种，下面来分别进行介绍。

（1）MACD 指标底背离

MACD 指标底背离通常出现在个股一轮下跌行情后的低位区域，上方股价继续向下波动运行，走出一底比一底低的低点，而 MACD 指标曲线形成的低点却逐渐上移，由此形成底部背离。

MACD 指标底背离现象的出现是个股走势可能在低位出现反转向上的信号，表明股价短期走强，可能迎来一波反弹向上行情，是投资者短期买入股票的信号。

注意，在实战运用中，MACD 指标底背离行情需要确认，即股价在下跌过程中要形成两个及以上的低点，同样的，MACD 指标中的曲线要形成两个及以上的低点。连接股价低点所形成的连线呈下降趋势，而 MACD 指标低点连线呈向上趋势，则说明 MACD 指标底背离现象确认。

实例分析

中国船舶（600150）MACD 指标与股价底背离分析

图 6-14 所示为中国船舶 2021 年 1 月至 8 月的 K 线走势。

从图 6-14 中的 K 线走势可以看到，2021 年 3 月中旬，股价下行至 20.00 元下方的相对低位处 K 线收出连续的小 K 线，跌势减缓，但继续下行。与此同时，查看下方的 MACD 指标发现，在股价继续波动下行的过程中，DIF 线和 DEA 线却拐头向上，走出的低点逐渐上移，与股价形成底背离现象。

在该股经过一番下跌行情之后的低位区出现 MACD 底背离现象,说明场内的空头动能减弱,多头力量强劲,短期内该股可能迎来一波拉升行情,发出买入信号。投资者可以在底背离现象确认时买入该股,持股待涨。

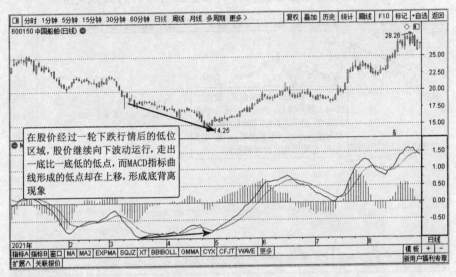

在股价经过一轮下跌行情后的低位区域,股价继续向下波动运行,走出一底比一底低的低点,而MACD指标曲线形成的低点却在上移,形成底背离现象

图 6-14　中国船舶 2021 年 1 月至 8 月的 K 线走势

(2) MACD 指标顶背离

MACD 指标顶背离指股价经过一番上涨后运行至相对高位区域,继续向上表现上涨,走出一个比一个高的高点,但下方的 MACD 指标曲线却没有同步走高,高点逐渐向下移动。由此形成了 MACD 指标与股价的顶背离现象。

MACD 指标顶背离是股价高位即将反转下跌的转势信号,说明个股在短期内将止涨下跌,是逃顶卖出信号,投资者一旦发现应及时清仓离场。

与底背离相同,顶背离现象也需要两个及以上的高点确认,即股价连续相邻的高点连线呈向上趋势,而 MACD 指标曲线连续相邻的高点连线呈向下趋势。当第二个高点形成,确认顶背离现象之后投资者就可以卖出手中持股离场了。

实例分析

紫江企业（600210）MACD 指标与股价顶背离分析

图 6-15 所示为紫江企业 2021 年 7 月至 2022 年 5 月的 K 线走势。

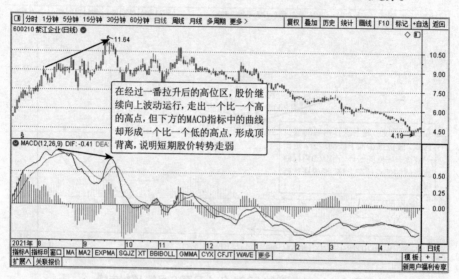

图 6-15　紫江企业 2021 年 7 月至 2022 年 5 月的 K 线走势

从图 6-15 中紫江企业的 K 线走势可以看到，2021 年 7 月底，股价上行至 9.00 元价位线附近后涨势减缓，但仍然向上表现上涨，走出一个比一个高的高点，与此同时，下方 MACD 指标中的 DIF 线和 DEA 线却拐头下行，高点一个比一个低，MACD 指标与股价形成顶背离。

MACD 指标顶背离现象出现在该股经过一番拉升之后的高位区域，是盘内多头力量衰竭，空头趁机占据优势，短期转势在即的信号。说明股价短期内将迎来一波下跌行情，场内的投资者应尽快抛售离场。

6.3　通过 BOLL 指标抓住市场动向

BOLL 指标是一种通道指标，它由上、中、下三条轨道线组合而成，其中，上、下轨线位于通道的最外面，分别为该趋势的压力线（Up 线）和支撑线（Down 线），对股价起到支撑和压制的作用；中轨线为价格的平均线。通常情况下，股价总是在上下轨道组成的带状区间运行，价格的变化会导致轨道的位置调整。

BOLL 指标的实战技巧主要集中在股价与 BOLL 指标的上、中、下轨线之间的关系，以及 BOLL 指标开口和收口状况等方面，下面进行一一介绍。

6.3.1　BOLL 指标三轨线运行规律应用

BOLL 指标中的上轨线、中轨线和下轨线是重要组成部分，且各自具有不同的作用。其中，上轨线表示股价运行的上限；中轨线为 20 日均线，即 BOLL 指标三轨的中轴线；下轨线表示股价运行的下限。三轨线的运行变化规律是投资者运用 BOLL 指标做股市分析的重要工具。

①当 BOLL 指标中的上轨线、中轨线和下轨线同时向上运行时，说明个股处于强势拉升行情中，投资者可以逢低吸纳，持股待涨，如图 6-16 所示。

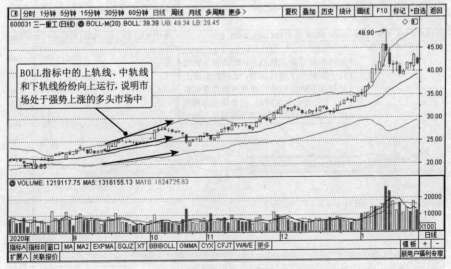

图 6-16　上轨线、中轨线和下轨线三线上行

②当 BOLL 指标中的上轨线、中轨线和下轨线同时向下运行时，说明个股处于震荡下行的弱势行情中，投资者应坚决离场，规避风险，如图 6-17 所示。

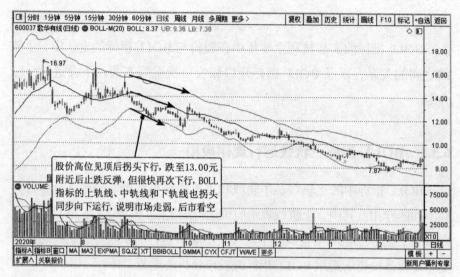

图 6-17　上轨线、中轨线和下轨线三线下行

③BOLL 指标上轨线、中轨线和下轨线几乎平行横向运行，说明股价在一个区间横向震荡运行，未来走势不明，投资者宜场外观望，如图 6-18 所示。

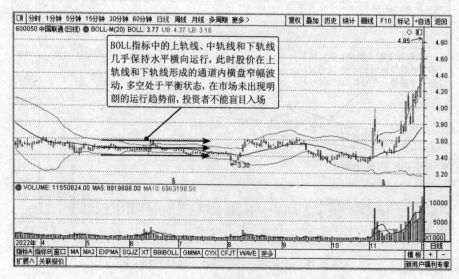

图 6-18　上轨线、中轨线和下轨线三线水平横行

④当 BOLL 指标上轨线拐头向下运行，中轨线和下轨线继续向上运行，说明股价处于整理状态。如果个股处于上升趋势之中，那么此时的整理属于上涨途中的强势整理，后市继续看涨，如图 6-19 所示。如果个股处于下跌趋势之中，那么此时的整理属于弱势整理，后市继续看跌。

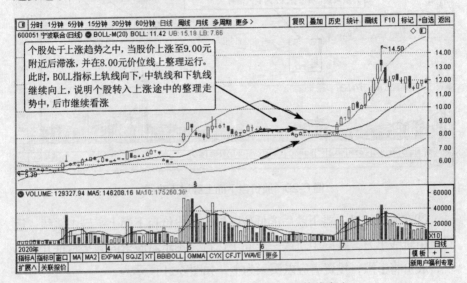

图6-19　上轨线向下、中轨线和下轨线向上

综上所述，通过 BOLL 指标中的上轨线、中轨线和下轨线运行的变化规律可以大致对个股当前的走势情况做一个判断，以便投资者更好掌握市场的波动变化，做出合理的投资决策。

6.3.2　BOLL 指标三轨线与股价的关系

BOLL 指标中的三轨线对股价起到不同的作用，例如，支撑和压制，所以，当股价突破或跌破上、中、下轨线时都是股价波动变化的转折点，投资者需要利用 BOLL 指标三轨线与股价的关系找到适合的买卖点。

①当股价自下向上穿过下轨线时，说明股价进入价值通道内，场内的空头动能在连续的下跌中消耗殆尽，多头力量聚集，短期内个股将迎来一波上涨，是投资者的买入信号，如图 6-20 所示。

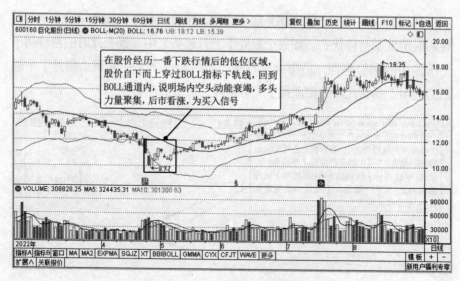

图 6-20　股价自下而上穿过下轨线

②在股价经过一番下跌后的低位区域，当股价自下而上突破中轨线，运行至中轨线上方，并同中轨线一起向上运行，预示着股价的强势特征开始出现，股价将上涨，投资者应以买入为主，如图 6-21 所示。

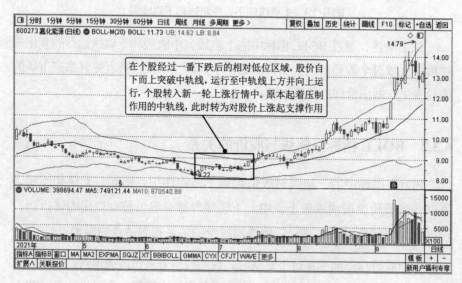

图 6-21　股价自下而上穿过中轨线

③当股价从中轨线以上向上突破上轨线时，预示个股的强势特征得到确

认，股价短期内将迎来大幅拉升行情，投资者应以持股待涨或短线跟进为主，如图 6-22 所示。

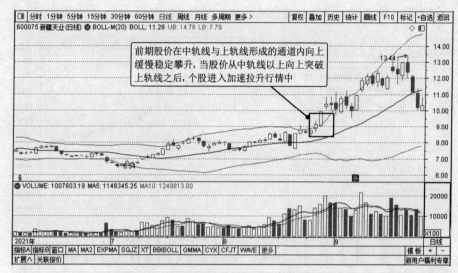

图 6-22　股价从中轨线以上向上突破上轨线

④股价向上突破上轨线之后继续上行，如果 BOLL 指标的上轨线、中轨线和下轨线也继续向上运行，说明市场的强势特征并未发生改变，短期内股价将继续表现上涨，如图 6-23 所示。

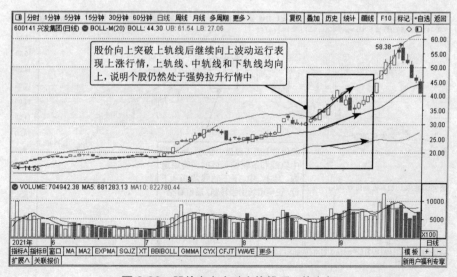

图 6-23　股价向上突破上轨线后三轨上行

⑤在上升趋势中，股价在 BOLL 指标上轨线上方运行一段后，自上而下跌破上轨线回到 BOLL 通道内，说明个股短期强势行情结束，后市可能迎来一波下跌，投资者可以部分减仓或清仓，如图 6-24 所示。

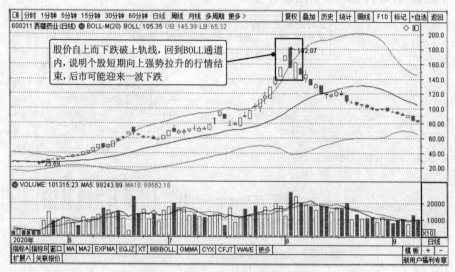

图 6-24　股价自上而下跌破上轨线

⑥股价从中轨线上方向下跌破中轨线，预示个股的上涨行情结束，中期下跌趋势已经形成，投资者应及时清仓离场，如图 6-25 所示。

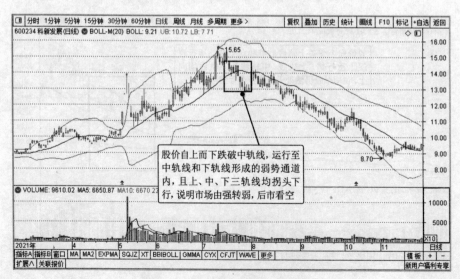

图 6-25　股价自上而下跌破中轨线

⑦当股价从中轨线下方向下跌破下轨线并继续向下，说明个股处于极度弱势行情中，有可能触底回升开启新一轮上涨行情。投资者应场外持币观望，待股价止跌企稳回到 BOLL 通道内，涨势确定后再跟进，如图 6-26 所示。

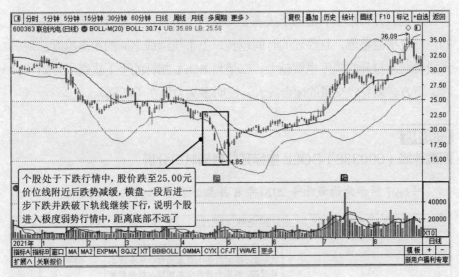

图 6-26　股价跌破下轨线后继续下行

从前面的介绍可以看到，一般来说股价是在 BOLL 指标上轨线、中轨线和下轨线形成的通道内波动运行，一旦股价出现向上突破或者是向下跌破时，就是行情的拐点出现，需要投资者注意，并提前做出相应的反应，才能在股市投资中更加游刃有余。

6.3.3　BOLL 指标开口形喇叭形态

BOLL 指标根据上轨线、中轨线和下轨线的方向变化情况可以形成不同的喇叭形态，帮助投资者判断市场行情。

开口形喇叭形态通常出现在上涨行情启动的初期，股价经过一段下跌行情后运行至底部区域，随后止跌横盘整理运行，此时上下轨道线之间的距离也逐渐减小，收缩至平行运行。接着，成交量突然放大，股价向上急速上涨，此时 BOLL 指标上轨线向上急速拉升，下轨线向下加速运行，这样一来，BOLL 指标的上、下轨道线形成了一个开口的大喇叭形态。

BOLL 指标开口形喇叭形态说明场内多头力量聚集增强，空头力量逐渐衰竭，个股将在短期内出现大幅度上涨行情，投资者可以买入跟进，持股待涨。

但是，开口形喇叭形态形成需要具备两个条件：一是股价要经过长时间的中低位横盘整理，且整理的时间越长，上下轨道线之间的距离越近，则后市股价向上拉升的幅度也就越大；二是当 BOLL 指标的上下轨道线开始开口时，下方必须有成交量的配合放大，说明多头力量在不断涌入。

实例分析

西藏珠峰（600338）BOLL 指标开口形喇叭口分析

图 6-27 所示为西藏珠峰 2020 年 8 月至 2021 年 5 月的 K 线走势。

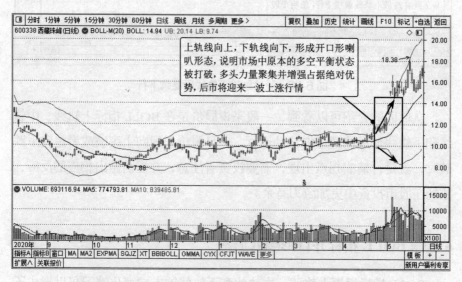

图 6-27　西藏珠峰 2020 年 8 月至 2021 年 5 月的 K 线走势

从图 6-27 中西藏珠峰的 K 线走势可以看到，该股经过一轮下跌行情后运行至 8.00 元价位线附近，在创出 7.88 元的新低后止跌企稳，随后股价小幅拉升至 10.00 元价位线上，并围绕该价位线上下窄幅波动横向整理运行。说明市场中的多空力量处于一种平衡状态，没有明显的上涨和下跌迹象。

2021 年 5 月初，下方成交量突然明显放大，带动股价向上急涨并向上突

破上轨线后，继续向上运行，此时 BOLL 指标的上轨线拐头向上运行，而下
轨线却拐头向下运行，形成开口形喇叭口形态。说明市场中原本的多空平衡
的状态被打破，场外资金大量流入，多头力量逐渐增强并占据绝对优势向上
拉升股价，短期内该股将迎来一波大幅向上拉升的急涨行情，投资者可以在
此位置跟进。

图 6-28 所示为西藏珠峰 2021 年 4 月至 9 月的 K 线走势。

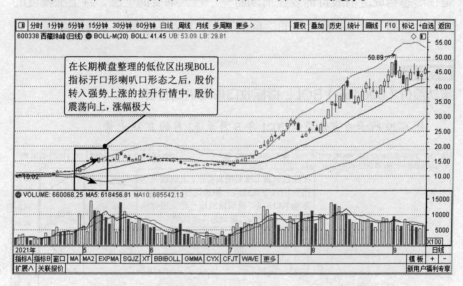

图 6-28 西藏珠峰 2021 年 4 月至 9 月的 K 线走势

从西藏珠峰的后市走势可以看到，在股价长期横盘整理的相对低位处，
BOLL 指标的上轨线和下轨线形成开口形喇叭口形态，使得股价向上运行转
入震荡上涨的强势行情中，且涨势稳定，涨幅较大。

6.3.4 BOLL 指标收口形喇叭形态

个股经过一段时间的上涨行情后，BOLL 指标的上轨线和下轨线之间
的距离逐渐增大，成交量也随着股价的向上攀升而逐渐减少。当股价运行
至相对高位区域后涨势减缓，突然出现快速下行的下跌行情，此时 BOLL
指标的上轨线开始拐头向下急跌，而下轨线却还在加速上升，由此 BOLL

指标的上下轨线之间形成了一个反向的喇叭口，也就是收口形喇叭口形态。

收口形喇叭口形态中 BOLL 指标的上轨线和下轨线方向相反，但是力度却很强，说明场内的空头动能力量增强，多头力量减弱，个股短期内将出现一波大幅下跌行情，投资者应及时离场。

收口形喇叭形态与开口形喇叭形态不同，它对成交量并没有要求，但是在形态构成之前股价需要在前期有一个较大幅度的上涨，且上涨幅度的大小会影响 BOLL 指标上下轨之间的距离，以及后市股价下跌的幅度。

实例分析

宝钛股份（600456）BOLL 指标收口形喇叭口分析

图 6-29 所示为宝钛股份 2021 年 5 月至 12 月的 K 线走势。

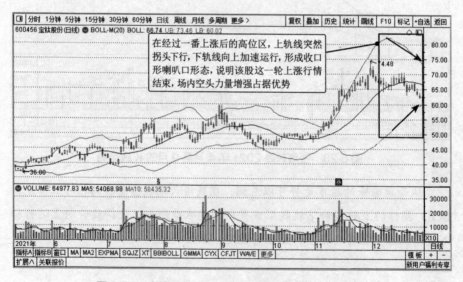

图 6-29　宝钛股份 2021 年 5 月至 12 月的 K 线走势

从图 6-29 中宝钛股份的 K 线走势可以看到，该股处于不断向上震荡运行的多头市场中，股价从相对低位处不断向上攀升，拉升行情持续时间较长，涨幅较大。2021 年 11 月下旬，股价上涨至 70.00 元价位线附近后涨势减缓，并在 65.00 元至 70.00 元区间横向窄幅波动运行。

在股价高位横盘整理运行的过程中，突然 BOLL 指标上轨线拐头向下运行，而下轨线继续向上加速运行，形成收口形喇叭形态，说明该股经过这一番拉升后场内的多头动能消耗殆尽，难以继续向上拉升，而空头力量逐渐聚集并增强，个股后市可能止涨回落，转入下跌行情中。

图 6-30 所示为宝钛股份 2021 年 11 月至 2022 年 5 月的 K 线走势。

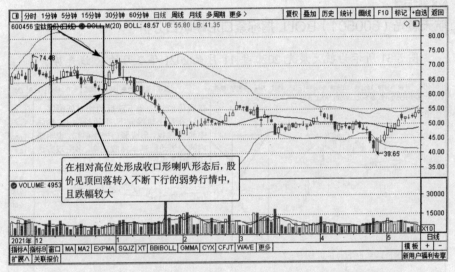

图 6-30　宝钛股份 2021 年 11 月至 2022 年 5 月的 K 线走势

从宝钛股份后市的 K 线走势可以看到，当 BOLL 指标的上轨线和下轨线在股价上涨后的高价位区域形成收口形喇叭口之后，股价见顶回落转入不断下行的弱势行情中，且下跌势头猛烈，跌幅较大。

6.3.5　BOLL 指标紧口形喇叭形态

当个股在经过较长时间的下跌行情后，股价运行至相对低位区，BOLL 指标的上轨线和下轨线逐渐向中轨线靠拢，且上轨线与下轨线之间的距离越来越小，下方的成交量也配合逐渐减小，而股价在低位反复震荡波动。此时，BOLL 指标的上轨线依然向下运行，而下轨线却逐渐向上运行，形成紧口形喇叭形态。

　　紧口形喇叭口是一种表明股价将在长时期内出现小幅盘整筑底的形态，预示着多空双方的力量逐渐达到平衡，股价将长期处于横盘整理的行情中。此时投资者的投资策略通常以场外观望为主，当然也可以少量建仓，等待行情到来。

实例分析

航天晨光（600501）BOLL 指标紧口形喇叭口分析

　　图 6-31 所示为航天晨光 2020 年 11 月至 2021 年 7 月的 K 线走势。

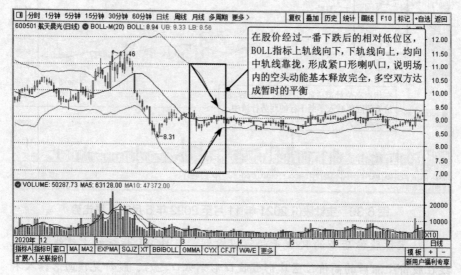

图 6-31　航天晨光 2020 年 11 月至 2021 年 7 月的 K 线走势

　　从图 6-31 中航天晨光的 K 线走势可以看到，股价经过一番下跌之后于 2021 年 2 月运行至 8.50 元下方，在创出 8.31 元的新低后止跌企稳，随后，股价小幅回升至 9.00 元价位线上并围绕该价位线上下窄幅波动横向运行。

　　BOLL 指标上轨线继续向下运行，而下轨线却拐头向上运行，均逐渐向中轨线靠拢，上下轨线之间的距离越来越近，形成紧口形喇叭形态，说明场内的空头动能在前期的下跌中不断被消耗殆尽，此时多头动能与空头动能势均力敌，达成平衡，该股将长期表现小幅盘整筑底走势。

6.4　看懂 KDJ 指标有效判断市场

KDJ 指标是由 K、D、J 这三条曲线构成并相互关联的一种技术指标，其中，K 曲线反映近期股价，D 曲线反映平均股价，而前两者的差额就构成了 J 曲线。KDJ 指标反映股票价格走势情况和波动变化规律，能够帮助投资者有效地判断市场买卖情况，是实用性非常强的技术指标。

6.4.1　KDJ 指标的超卖现象

KDJ 指标超卖是指在个股不断下跌的过程中，KDJ 指标逐步走低，当 KDJ 指标跌破 20 时发出超卖信号，说明此时市场中的卖盘过大，下跌行情难以继续维持，短期将迎来一波反弹行情。KDJ 指标超卖的特征如下。

①股价经过一番下跌行情运行至低位区域，KDJ 指标中的 J 曲线、K 曲线和 D 曲线先后进入 20 线以下的超卖区域。

② KDJ 指标提示市场超卖时，KDJ 指标的三条曲线通常在 50 线以下的弱势区域波动运行。

③ KDJ 指标发出超卖信号，说明个股的这一波下跌行情即将结束，股价可能见底，但并不意味着股价会立即反弹回升，投资者不要立即入场，需要待股价出现明显的上涨迹象后再入场。

④ KDJ 指标超卖现象还会出现在下跌趋势之中，即超卖信号出现后股价止跌反弹，但并不一定会改变个股的下跌趋势，后市可能继续下跌。

实例分析

信雅达（600571）KDJ 指标发出超卖信号

图 6-32 所示为信雅达 2022 年 6 月至 10 月的 K 线走势。

从图 6-32 中信雅达的 K 线走势情况可以看到，股价从相对高位处不断向下波动运行，下方的 KDJ 指标也同步下行至 50 线下的弱势区域，并长期在区域内波动运行。

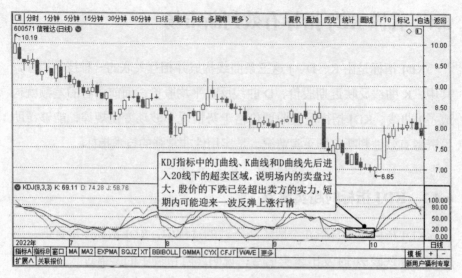

图6-32 信雅达2022年6月至10月的K线走势

2022年9月底，股价下行至7.00元价位线上后止跌企稳，并创出6.85元的最低价，此时查看下方的KDJ指标，发现J曲线、K曲线和D曲线先后进入20线下的超卖区域，说明场内的卖盘过大，股价的下跌已经超出卖方的实力，预示着股价短期内可能止跌，迎来一波上涨走势。

图6-33所示为信雅达2022年8月至2023年2月的K线走势。

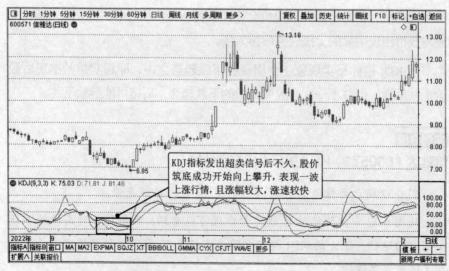

图6-33 信雅达2022年8月至2023年2月的K线走势

从图 6-33 中信雅达的后市 K 线走势情况可以看到，在 KDJ 指标发出超卖信号后，股价并没有继续下行，而是止跌筑底，随后向上震荡拉升，开启一波上涨行情。

6.4.2　KDJ 指标的超买现象

KDJ 指标超买是指个股在不断上涨的过程中，KDJ 指标向上逐步走高，当 KDJ 指标向上突破 80 线，运行至 80 线上方时，说明股价处于超买状态，即场内的买盘过于旺盛，股价的上涨已经超出了买方的实力，难以维持继续上涨的走势，个股短期内可能出现止涨回落的下跌行情。

KDJ 指标超买有如下基本特征。

①个股经过一段时间的向上拉升后运行至高价位区域，KDJ 指标中的 J 曲线、K 曲线和 D 曲线先后进入 80 线上方的超买区域。

②KDJ 指标发出超买信号，说明个股这一波上涨极有可能结束转入回调走势，但并不意味着个股会立即从原本的上涨趋势转入下跌趋势。

③当 KDJ 指标出现超买信号时股价可能正处于加速拉升中，场外投资者应注意追涨风险，避免冲动买入，而持股投资者则应注意减仓。

实例分析

八一钢铁（600581）KDJ 指标发出超买信号

图 6-34 所示为八一钢铁 2021 年 4 月至 9 月的 K 线走势。

从图 6-34 中八一钢铁的 K 线走势情况可以看到，股价从 5.00 元下方的相对低位处向上波动运行，涨势稳定。2021 年 9 月初，股价上涨至 8.00 元价位线附近后，K 线突然连续收出大阳线，向上快速拉升股价，几个交易日的时间便将股价拉升至 11.00 元价位线附近。此时该股累计涨幅较大，存在见顶回落风险。

此时查看下方的 KDJ 指标，发现在股价向上急速拉升的过程中，KDJ 指标也快速向上运行，其中，J 曲线、K 曲线和 D 曲线先后进入 80 线上方的超买区，KDJ指标发出超买信号。说明场内的买盘过剩，股价的上涨已经超出了买方的实力，多方力量已经由强转弱了，之后可能会出现后续力量不足的情况，股票继续上涨的空间相对较小，个股短期内随时可能回落下跌。

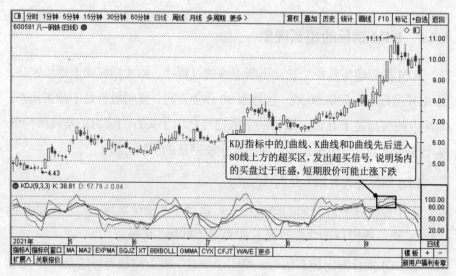

图6-34　八一钢铁2021年4月至9月的K线走势

图6-35所示为八一钢铁2021年8月至2022年3月的K线走势。

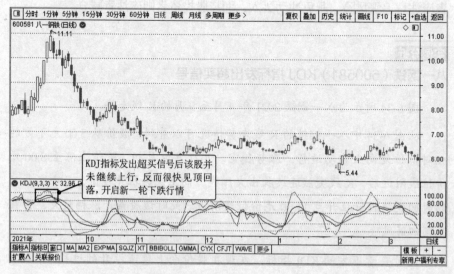

图6-35　八一钢铁2021年8月至2022年3月的K线走势

从八一钢铁的后市走势来看，在 KDJ 指标发出超买信号后该股并未继续向上拉升，表现之前的上涨行情，而是在股价创出 11.11 元的新高后止涨回落，开启新一波深幅下跌行情。

6.4.3　KDJ 指标的交叉运用

KDJ 指标的交叉实际上是指 KDJ 指标的金叉和死叉。前面介绍了 MACD 指标金叉和死叉，在 KDJ 指标中同样存在金叉和死叉。金叉看涨，死叉看跌，在实际走势分析中应用较为广泛。

（1）KDJ 指标金叉

KDJ 指标金叉是指 J 曲线、K 曲线同时自下而上穿过 D 曲线，形成的交叉，说明股价短期内的上涨动能有增强趋势，是可靠的看涨买入信号。根据 KDJ 指标金叉出现的位置不同又可以进一步划分为低位金叉、中位金叉和高位金叉。

①低位金叉是指当股价不断下行表现弱势，KDJ 指标中的 K、D、J 值处于 20 线附近时，此时 KDJ 指标形成金叉，且成交量放大，这说明个股这一波下跌趋势基本结束，场内多头力量聚集，个股后市将迎来新一轮的上涨行情，且金叉的位置越低，信号越准确。

②中位金叉是指个股处于上涨行情或者是长期盘整行情中，KDJ 指标围绕 50 线波动运行，此时 KDJ 指标形成金叉，且成交量放大，这说明个股短期的震荡整理走势基本结束，后市看多，投资者可以买入。另外，中位金叉也可能出现在个股下跌趋势中的盘整阶段，此时股价可能迎来一波短期反弹行情，但不会真正改变下降趋势，投资者买入操作风险较大，不建议介入。

③高位金叉是指个股处于上涨行情中，随着股价的不断上行，KDJ 指标处于 70 线以上，随后 KDJ 发出金叉信号，且成交量放大，这说明股价短期的回调整理走势结束，后市继续上行。虽然股价短期内仍有收益空间，但是因为前期经过一轮拉升行情，场内的多头力量已经被削弱，难以继续维持，后市可能将进入下跌趋势中。

实例分析

长电科技（600584）KDJ 指标的金叉现象

图 6-36 所示为长电科技 2022 年 9 月至 2023 年 4 月的 K 线走势。

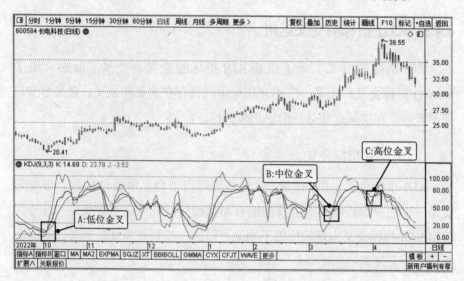

图 6-36　长电科技 2022 年 9 月至 2023 年 4 月的 K 线走势

从图 6-36 中长电科技的 K 线走势可以看到，个股经过一番下跌后，股价运行至 20.00 元附近的低位区域，创出 20.41 元的新低后止跌。此时查看下方的 KDJ 指标，发现随着股价的下跌，KDJ 指标同步下行至 20 线下方的超卖区，随后 J 曲线、K 曲线拐头向上，同时自下而上穿过 D 曲线形成低位金叉，说明场内的空头动能在股价波动下行的过程中消耗完全，多头动能却逐渐聚集，短期内该股将迎来一波上涨走势。

股价在 20.41 元触底后开始转入震荡向上的上升行情中。2023 年 2 月中旬，股价上涨至 30.00 元价位线下方后止涨，并在 28.00 元附近横盘整理运行。此时查看下方 KDJ 指标，发现在股价止涨横盘整理的过程中，KDJ 指标也下行至 50 线附近，并围绕 50 线上下波动运行。2023 年 3 月中旬，KDJ 指标在 B 点位置形成中位金叉后三线上行，说明股价的整理走势结束，后市将继续表现之前的上涨行情。

　　接着股价继续向上表现上涨，2023 年 3 月下旬，股价上涨至 35.00 元附近后止涨，下方的 KDJ 指标同步拐头下行，运行至 C 点附近时 J 曲线、K 曲线突然拐头向上，同时自下而上穿过 D 曲线形成高位金叉，这说明股价短期回调整理走势结束，继续向上表现上涨。但是此时该股的累计涨幅较大，处于相对高价位区域，所以可能存在见顶风险，投资者可减仓或清仓。

（2）KDJ 指标死叉

　　KDJ 指标死叉是指 J 曲线、K 曲线同时自上而下穿过 D 曲线，形成的交叉，说明短期内市场由强转弱，后者将转入下跌行情中，是卖出信号。根据 KDJ 指标死叉出现的位置不同又可以进一步划分为低位死叉、中位死叉、高位死叉。

　　①低位死叉是指个股处于下跌行情中，随着股价的不断下行，KDJ 指标运行至 20 线下并形成死叉，这说明此时空头力量仍然占据优势，但是经过连续的下跌，空头动能已经衰竭，不会出现较大幅度的下跌，场内多头将逐渐占据优势，投资者可以逢低建仓。

　　②中位死叉是指股价处于下跌趋势中，KDJ 指标处于 50 线附近，此时 KDJ 指标形成死叉，这说明场内的空头仍然占据优势，股价短期反弹行情结束，继续表现之前的下跌走势。另外，如果个股处于上升趋势中，KDJ 指标在 50 线附近出现死叉，说明股价可能短期回调整理，后市继续看涨。

　　③高位死叉是指个股经过一番大幅拉升后运行至高位区域，KDJ 指标运行至 80 线上的超买区，之后三线拐头向下形成死叉，且跌至 80 线下方，这说明此时场内空头力量占据绝对优势，个股这一波上涨行情结束，后市即将开启新一轮下跌走势。

实例分析

万业企业（600641）KDJ 指标的死叉现象

　　图 6-37 所示为万业企业 2021 年 11 月至 2022 年 5 月的 K 线走势。

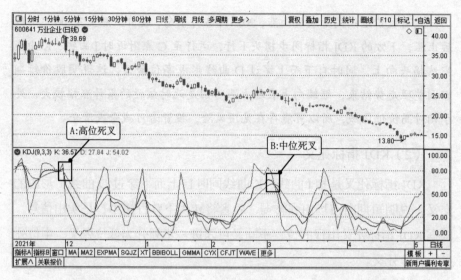

图6-37　万业企业2021年11月至2022年5月的K线走势

从图6-37中可以看到，该股经过一番上涨后运行至39.00元附近的高位区域止涨横盘整理，此时查看下方的KDJ指标，发现随着股价的上行，KDJ指标同步运行至80线上的超买区，接着J曲线、K曲线拐头向下同时自上而下穿过D曲线，形成高位死叉，这说明经过连续的上涨多头力量已经被消耗殆尽，空头力量占据优势，上涨行情结束，后市即将转入下跌走势中。

2021年11月底，股价在39.00元区域见顶转入下跌趋势中，之后股价不断向下震荡运行。2022年2月上旬，股价下跌至23.00元附近后止跌，开启一波反弹行情，但这一波反弹并未持续较长时间，股价上涨至25.00元附近便止涨。此时查看下方的KDJ指标，发现随着股价反弹回升，KDJ同步上行运行至50线上，随后J曲线、K曲线拐头向下穿过D曲线形成中位死叉，这说明反弹行情结束，个股继续向下表现下跌。

最后提醒读者，本书前面所介绍的操盘手法与技巧仅做技术学习参考，不代表在实际走势中绝对契合。在实际投资中，投资者切忌盲目跟从，要更多地结合实际走势具体分析，综合考虑。

读 者 意 见 反 馈 表

亲爱的读者：

感谢您对中国铁道出版社有限公司的支持，您的建议是我们不断改进工作的信息来源，您的需求是我们不断开拓创新的基础。为了更好地服务读者，出版更多的精品图书，希望您能在百忙之中抽出时间填写这份意见反馈表发给我们。随书纸制表格请在填好后剪下寄到：北京市西城区右安门西街8号中国铁道出版社有限公司大众出版中心经济编辑部 张亚慧 收（邮编：100054）。此外，读者也可以直接通过电子邮件把意见反馈给我们，E-mail地址是：lampard@vip.163.com。我们将选出意见中肯的热心读者，赠送本社的其他图书作为奖励。同时，我们将充分考虑您的意见和建议，并尽可能地给您满意的答复。谢谢！

所购书名：_____

个人资料：

姓名：_____ 性别：_____ 年龄：_____ 文化程度：_____

职业：_____ 电话：_____ E-mail：_____

通信地址：_____ 邮编：_____

您是如何得知本书的：

□书店宣传 □网络宣传 □展会促销 □出版社图书目录 □老师指定 □杂志、报纸等的介绍 □别人推荐
□其他（请指明）_____

您从何处得到本书的：

□书店 □邮购 □商场、超市等卖场 □图书销售的网站 □培训学校 □其他

影响您购买本书的因素（可多选）：

□内容实用 □价格合理 □装帧设计精美 □优惠促销 □书评广告 □出版社知名度
□作者名气 □工作、生活和学习的需要 □其他

您对本书封面设计的满意程度：

□很满意 □比较满意 □一般 □不满意 □改进建议

您对本书的总体满意程度：

从文字的角度 □很满意 □比较满意 □一般 □不满意
从技术的角度 □很满意 □比较满意 □一般 □不满意

您希望书中图的比例是多少：

□少量的图片辅以大量的文字 □图文比例相当 □大量的图片辅以少量的文字

您希望本书的定价是多少：

本书最令您满意的是：

1.

2.

您在使用本书时遇到哪些困难：

1.

2.

您希望本书在哪些方面进行改进：

1.

2.

您需要购买哪些方面的图书？对我社现有图书有什么好的建议？

您更喜欢阅读哪些类型和层次的经管类书籍（可多选）？

□入门类 □精通类 □综合类 □问答类 □图解类 □查询手册类

您的其他要求：